KB274648

스키너의 심리상자 닫기

김태형 지음

"심리학의 미래는 결코 생물학주의나 실험에 달려 있지 않다."

그것은 심리학이 생물학주의의 지배로부터 해방되어 '인문학적 전통'을 회복하고, '동물실험'이 아니라 '인류가 창조한 역사와 문학, 예술'로부터 더 많은 것을 배울 수 있다는 자각을 가지며, 사람을 '전체적인 관점'으로 바라보는 확고한 입장을 확립하는 것에 달려 있다. 그리고 정말로 중요한 또 하나. '사람은 사회적 존재이다'라는 상식을 외면하지 않는 용기가 더해질 때, 심리학의 미래는 밝게 빛날 것이다.

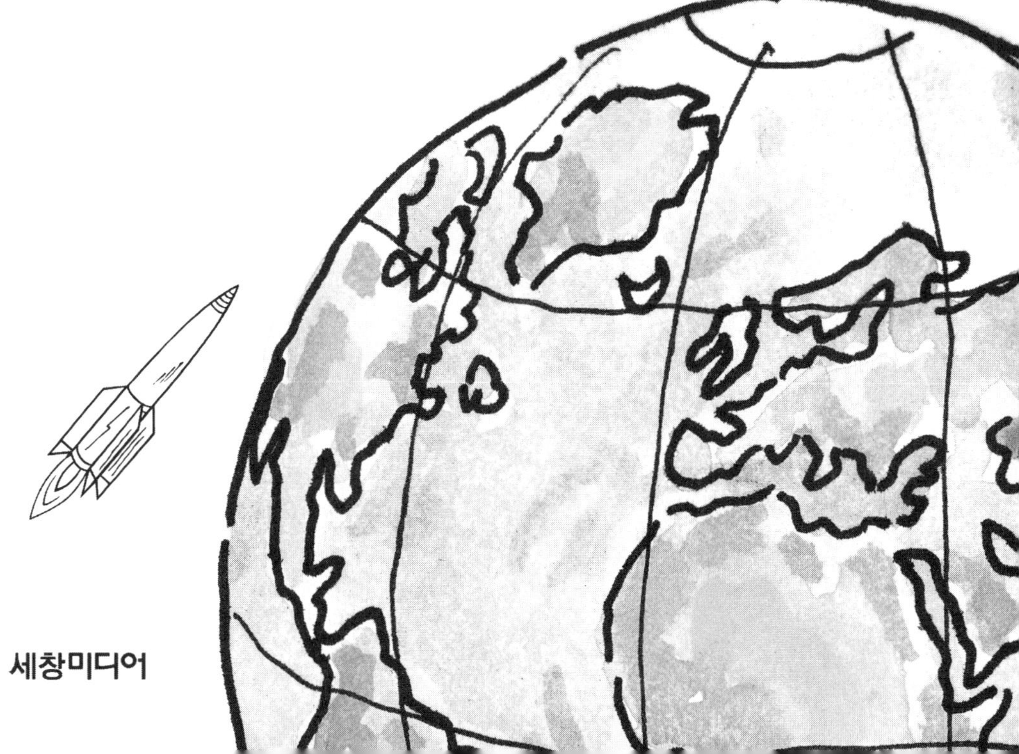

세창미디어

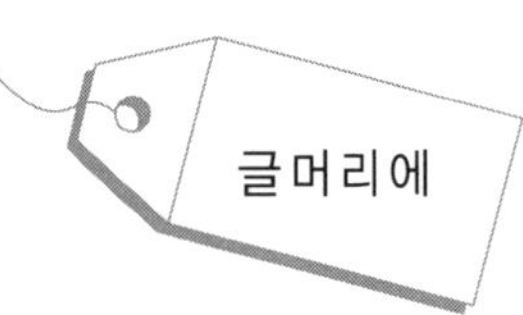

개념 없이 사는 악동에 불과했던 고등학교 시절, 내 꿈은 '음반 가게 주인'이 되는 것이었다.

하루 종일 좋아하는 팝송을 잔뜩 들을 수 있으니….

음반 가게란 생계문제를 해결해주고 취미생활까지 마음껏 즐길 수 있게 해주는, 그야말로 '꿩 먹고 알 먹는' 천국이 아니겠는가. 그런 상상만 해도 기분이 좋아졌다. 그러니 대학은 안중에도 없었고 공부는 항상 뒷전이었다.

그런데 고등학교 2학년 때, 젊은 선생님이 새로 부임해 오셨는데 그 분은 다른 선생님들과는 뭔가 좀 달랐다.

시험을 주관식으로 출제하지 않나, 토론식 수업을 진행하지 않나….

특이한 행동을 계속하던 그 선생님은 급기야 나에게 '에리히 프롬'의 〈자유로부터의 도피〉라는 책을 소개하고야 말았다. 내가 '심리학'이라는 학문을 처음 접하게 된 운명적인 순간이 다가왔던 것이다.

그때 내 머릿속에서는 '저거면 되겠다'라는 생각이 번개같이 스쳐 지나갔다.

어린 시절 내 인생의 최대 고민은 아버지였다. 아버지는 학자이셨는데, 평소에는 성인군자였지만 술만 드시면 심하게 술주정을 하셨다. 어릴 때는 아버지를 무작정 미워한 적도 있었지만 조금씩 머리통이 커지면서 아버지의 슬픔과 고통을 이해하게 되고 아버지가 정말로 선량한 분이라는 것을 느끼게 되자 안쓰러운 마음이 생겨났다. 그래서 나는 아버지가 분명히 일종의 '정신병'에 걸려 있을 거라고 의심하고 있었다. 이런 나에게 있어서 심리학이란 '아버지의 병'을 고칠 수 있는 '위대한 학문'으로 다가왔던 것이다.

재수 끝에 원하던 대학의 심리학과에 입학한 내 가슴은 드높은 기대와 흥분으로 들끓었다.

아! 그런데 이게 웬일인가?

심리학 개론에는 쥐새끼와 원숭이 얘기만 잔뜩 씌어 있는 것이 아닌가.

나는 머리를 쥐어뜯으며 한탄했다.

'쥐새끼와 원숭이로 어떻게 아버지의 병을 고친단 말인가?'

대학에서 배우는 심리학은 내가 예상했던 것과는 너무나도 달랐다(당시의 대학을 지배했던 것은 '행동주의'와 '실험심리학'이었다).

80년대 중반에, 민중들은 광주의 시련을 딛고 일어서 다시 군사독재에 저항하기 시작했으며 학생운동 또한 상승세를 타고 있었다. 좁은 우물 안에서만 살아 왔던 나는 '전태일 평전'을 읽은 후 충격에 휩싸였고, 자진해서 학생운동의 한복판으로 뛰어들었다.

당시 학생운동은 무엇보다도 '학습'을 강조하고 있었는데, 그런

분위기는 나에게 아주 큰 즐거움과 지적 자극을 주었다. 아마, 내 인생을 통틀어 봐도 그때만큼 열정적으로 공부를 했던 적은 없었을 것이다. 철학, 경제학, 사회학, 역사학, 문학, 사회주의이론 등 심리학과 경영학을 제외하고는 거의 모든 분야의 사회과학 서적들을 게걸스럽게 읽어댔다. 그래서인지 나는 점차 학생운동과 관련한 글을 쓰는 역할을 하게 되었다.

민중운동은 마침내 1987년 6월항쟁을 통해 군사독재의 항복을 받아냈다. 나는 한국 민중이 중요한 고비점을 넘었다고 믿어 의심치 않았기에 다시 내 진로문제를 돌아보기 시작했다. 나는 그 동안 학생운동을 하면서 '심리학'이 미국과 자본가계급의 이익을 교묘하게 옹호하고 대변하고 있으며, 잘못된 서구철학 특히 실증주의의 악영향으로 심하게 왜곡되어 있다는 '비판적 시각'을 가지기 시작했다.

나는 심리학과 '과감하게 결별할 것인가' 아니면 그것을 '개혁할 것인가' 하는 문제로 고민했다. 그러나 심리학에 대한 내 애정이 만만치 않았던 모양이다. 결국 나는 심리학과 대학원 진학을 결심했다.

대학원 시절(1989년)의 어느 날, 대학원 학생들에게 미국에서 나온 최신학설이라는 화려한 후광효과를 업고 '사회생물학'(Sociobiology)이 소개되었다. 그러나 나는 그 이론의 어처구니없는 '환원주의적 입장'에 그만 기가 질려 버렸다. 그래서 학점상의 불이익을 감수할 각오를 하고는 '사회생물학'을 신랄하게 비판하는 리포트를 제출했다(다행히 그 당시 나를 지도해 주시던 교수님께서는 학문적으로 아주 공정한 분이어서 좋은 학점을 주셨다).

그 이후에도 미국에서 새로 발명되었다는 최신학설들을 접할 때마다, 나는 점점 더 많이 실망하고 심각한 회의에 빠져들었다.

90년대에 들어서자, 역사를 거꾸로 돌리려는 세력들이 '3당 합당'(YS가 군사독재 세력과 연합한 사건)을 만들어내고 공안정국을 조성하여 다시 민중운동을 탄압하기 시작했다. 당시에 나는 급박한 시대의 흐름을 외면하고 계속 대학원 의자에 앉아 있는 것은 올바른 지식인의 자세가 아니라는 판단을 내렸다. 나는 어떻게든 학생운동의 방향전환을 이뤄내야 하며 민중운동을 강화해야 한다는 시대적 요구에 복무하겠다는 일념으로 심리학에 영영 작별을 고했다.

이후 나는 노동운동에 몸담게 되었고, 1994년에는 공안세력이 조작한 시국사건에 연루되어 수배까지 받게 되었다. 그러나 비록 고생은 좀 했지만 이 시절은 나에게 많은 것들을 선물해 주었다. 노동자들과의 생활은 나를 '관념'의 세계로부터 '현실'의 세계로, '지식인'의 협소한 시각으로부터 '사회'라는 탁 트인 무대로 이끌어 주었다. 나는 비로소 중상류층 출신 지식인의 '울타리'를 벗어나 민중과 소통할 수 있게 된 것이다.

그러던 90년대 후반기의 어느 날, 나는 신문에서 우연히 '사회생물학'이 한국 심리학계에서 각광을 받고 있다는 기사를 읽게 되었다(아마도 내 무의식은 끊임없이 심리학에 관심을 기울이고 있었던 것 같다).

그때의 씁쓸하고 참담한 심정이란 이루 말로 다 표현할 수가 없다.

'그따위 이론이 그런 대접을 받다니….'

나는 미국의 주류 심리학에 대해서, 그리고 그것을 무비판적으로 추종하는 한국의 심리학계에 대해서 화가 났다.

그렇지만 어쩌하랴! 그것은 이미 내 소관이 아닌 것을….

전 세계의 인류가 21세기를 맞이했다며 환호하고 있었던 그때, 나는 심리적으로는 우울증을 앓기 시작했고 육체적으로도 심각한 난치병에 걸렸다. 마음속으로 '내년 정도면 죽지 않을까?'라고 생각했을 정도였다.

그런데, 2004년 봄에 대학시절의 심리학과 동기이자 '임상심리학자'인 옛 친구를 대학원 시절 이후 14년 만에 다시 만나게 되었다. 나는 그 친구를 통해 내 인생을 가파른 내리막길로 밀어붙이고 있던 나의 '심리적 문제'를 자각하게 되었다.

그리고는 영원히 헤어질 거라고 다짐했던 심리학을 다시 만나게 되었다.

이후 나는 대학에서는 제대로 배울 수 없었던 심리학 이론들을 공부하기 시작했고, 그것에 기초해 나의 심리적 문제점을 극복해 나가기 시작했다. 그 결과 나를 진료했던 의사선생님이 "살아서 걸어 다니고 있는 게 기적이다"라고 말씀하실 정도로 심각했던 난치병도 극복했고, 친구와 함께 2권의 '심리학 책'도 집필했다.

그때, 대학원 시절 이후 14년 만에 심리학을 다시 접하면서 깜짝 놀랐던 사실 두 가지가 있다.

그것은 첫째로, 대학에서는 여전히 한쪽으로 치우친 심리학만을 가르치고 있다는 사실이다.

만일 내가 대학 시절에, 지겨울 정도로 많이 배워야만 했던 '동물 실험'과 '뇌 생리학'의 반의 반만이라도 '프로이트'나 '융'에 대해 배웠더라면…(적어도 그들은 동물이 아니라 사람을 연구하지 않았는가?). 나는 심리학에 대해 그렇게까지 절망하지는 않았을 것이다. 나아가 '아버지의 병'을 치료하겠다는 나의 희망도 성취되었을지 모른다.

그러나 똑같은 비극은 14년이 지난 후에도 계속되고 있었다. 여전히 '한국의 심리학과' 는 미국 심리학에 편향된 교육을 하고 있었다.

그것은 둘째로, 14년 동안 한국의 심리학이 제자리걸음을 하고 있다는 사실이다.

미국 심리학을 맹목적으로 추종한 대가는 결국 '한국 심리학의 제자리 뛰기' 뿐이었다.

미국 심리학은 병든 미국사회에 의해 오염된 '병든 인간' 을 보편적인 인간의 모습으로 왜곡함으로써, 인간에 대한 '허무주의와 냉소주의' 를 조장한다. 또한 미국 심리학은 '동물' 이나 '뇌의 생리적 활동' 으로 사람을 설명하는 '환원주의적 오류' 에 빠져 있기 때문에 '사람은 사회적 존재' 라는 진리를 거부하고 '사람을 동물과 똑같은 존재' 로 묘사한다. 한 마디로 미국 심리학은 사람에 대한 '악랄한 흠집 내기' 를 기본철학으로 깔고 있는 것이다.

게다가 미국 심리학은 방법론적으로 볼 때, '실험 맹신주의' 에 빠져 있다. 미국 심리학자들은 마치 실험이 아주 과학적이고 가치중립적인 연구방법인 것처럼 주장하지만 그것은 사실이 아니다. 실험은, 대개 실험설계자의 '가치관' 과 대학당국의 기호, 나아가 자본의 요구에 따라 '선택적으로 설계' 되며, 그 내용 또한 그들의 입맛에 맞게 얼마든지 변질될 수 있다. 실험결과 또한 자의적인 해석이 얼마든지 가능하다.

실험을 하려면 상당한 자금이 필요하기 때문에 심리학자들은 대학당국이나 자본가들에게 '연구기금'을 받아내야 한다(이것은 맹목적인 실험숭배가 가난한 심리학자를 심리학계로부터 원천적으로 배제시킬 수 있는 무기로 이용되는 메커니즘을 보여준다). 실험이 전형적인 '자본주의적 연구방법'이며, 자본가들에게 복무하는 도구라고 비판받는 것도 이런 이유에서이다.

결론적으로 말해, '실험'이란 실험자의 가치관과 목적을 과학이라는 이름으로 포장하는 도구로 이용되는 경우가 많다(물론 나는 실험의 필요성을 전적으로 부정하지는 않는다).

이런 위험에도 불구하고 '심리학 개론서'는 점점 더 많은 실험사례들로 꽉꽉 채워지고 있다. 이런 추세가 계속된다면 심리학은 각종 실험과 통계로 가득 찬 거대한 쓰레기장에 매립될지도 모른다.

이런 이유 때문에 나는 미국 심리학자들이 쓴 책을 잘 읽지 않는다. 그것은 거의 다 재미가 없을 뿐만 아니라 도저히 심리학 이론이라고는 볼 수 없는 '처세술'이나 '잔재주' 따위만 잔뜩 나열하고 있기 때문이다.

그런데 나는 얼마 전에 신문을 보다가 아주 많은 사람들이 〈스키너의 심리상자 열기〉(로렌 슬레이터/조증열 역, 에코의 서재)라는 책을 읽었다는 기사를 보게 되었다. 그래서 '많은 사람들이 반응한 것을 보니 분명히 뭔가가 있을 것이다. 비록 미국 심리학자가 썼지만 좀 다르지 않을까' 라는 막연한 기대를 가지고 그 책을 읽게 되었다. 심리학자라는 나의 본분을 고려해 보면 다소 게으름을 피우다가 읽은 셈인데, 막상 책을 읽고 보니 한 마디 하고 넘어가지 않으면 안 되겠다는 생각이 들었다.

〈스키너의 심리상자 열기〉는 마치 에세이나 추리소설처럼 자유분방하게 씌어져 있어서 일반인들이 접근하기 쉽다. 독자들은 편안하고 재미있게 줄거리를 따라가다 보면 자연스럽게 중요한 '심리학 이론' 들을 알게 된다. 이렇게 일반인에게 심리학 이론을 쉽게 전달하고 있는 것이 이 책의 가장 큰 장점일 것이다.

또한 책의 저자인 로렌 슬레이터는 실험에 참가했던 사람들을 직접 면담하거나 '실험자' 들의 삶을 추적하는 등의 노력을 통해 독자들로 하여금 '실험' 자체에만 매몰되지 않고 그것을 둘러싼 전후맥락까지도 이해할 수 있게 해준다.

그러나 이런 몇 가지 장점에도 불구하고 〈스키너의 심리상자 열기〉는 적지 않은 문제점도 가지고 있다. 따라서 만일 일반 독자들이 그 책의 내용을 무비판적으로 받아들이게 되면 뜻밖의 손해를 볼 수도 있다. 그것은 심리학에 대한 편향된 인식을 줄 수도 있기 때문이다.

내가 전혀 예정에도 없던 〈스키너의 심리상자 닫기〉라는 글을 쓰게 된 것은 순전히 이런 우려 때문이다.

〈스키너의 심리상자 열기〉가 가지는 오류는 본질적으로 '미국 심리학'이 가지는 잘못된 패러다임 때문인데, 저자인 '로렌 슬레이터' 또한 전형적인 미국의 심리학자이기 때문에 여기에서 자유롭지 못해 보인다.

특히 그녀의 '사람에 대한 허무주의적이고 냉소적인 태도'는 내 기분을 계속 불편하게 만들었고, 그녀의 '양비론'(대립되는 두 주장을 이것도 비판하고 저것도 비판하면서 어중간한 결론을 내리는 것)과 '회의론'(딱 부러지는 판단과 결론을 내리지 않는 것)은 내 머리를 혼란스럽게 휘저었다.

아무리 문학적으로 재미있게 쓴다고 하더라도 심리학자라면 학자로서의 책임감을 가지고 뚜렷한 '자기 주장'을 할 필요가 있지 않을까?

나는, 독자들에게 미국 심리학의 문제점을 조금이나마 알리기 위해 부족하나마 이 책을 기획하게 되었다. 따라서 나는 이 책을 로렌 슬레이터와는 반대되는 방향으로 집필하였다.

첫째, 심리학 이론에 대해 알기 쉽게 설명하려고 노력했지만, 결코 산만하게 나열하지는 않았으며 최소한의 구조적인 틀과 흐름을 담보

하려고 했다.

둘째, 결론을 내리는 것을 피하지 않았으며, 그 결론은 어중간하고 모호한 표현이 아니라 가능한 한 단호하고 분명한 문장으로 서술했다. 나는 각 장마다 뚜렷한 결론을 제시하려고 노력했다(물론 그것에 대해서는 학자답게 책임을 질 것이다).

셋째, 일부 장에서는 심리학자들에 대한 인물분석을 시도함으로써, 미국 심리학자들의 심리적 불건강성이 그들의 이론에 어떤 영향을 미쳤는지를 조명해 볼 것이다(이미 〈스키너의 심리상자 열기〉를 읽어 본 독자들은 아시겠지만 그 책에 등장하는 심리학자들 중 심리적으로 건강한 사람은 드물다).

넷째, 미국 심리학의 문제점을 집중적으로 파헤치고, 올바른 심리학은 어뗘해야 하는지를 '제안'하기 위해 노력했다. 특히 미국 심리학의 '실험 맹신주의', '환원주의', '사람 깎아내리기', '친 자본가 입장' 등에 비판의 예봉을 집중함으로써 글을 읽는 독자들이 미국 심리학에 대해 균형잡힌 안목을 가질 수 있도록 했다.

〈스키너의 심리상자 열기〉는 열 개의 중요한 실험을 중심으로 이야기를 전개하고 있다. 나도 그 열 개의 실험을 따라가면서 각각을 평가하고 필요하다면 논쟁을 제기하려고 한다.

독자들이 이 책을 읽음으로써, 미국 심리학에 대해 비판적인 시각을 가지게 되고 심리학에 대한 편협한 이해로부터 벗어나게 된다면 정말 좋겠다. 나아가 이 책이 심리학도들에게 신선한 문제의식을 던져줄 수만 있다면 더 바랄 나위가 없다.

21세기의 심리학을 향해 나아가고 싶은 나의 간절한 희망은 이제 시작점에 서있을 뿐이다. 그러나 파란만장한 우여곡절을 겪으면서 겨우 간직하기 시작한 이 희망을 나는 쉽사리 포기하고 싶지 않다.

나는 미국 심리학을 넘어서 내 힘이 미치는 데까지 걸어 나가고 싶다.

이 길에 동료 심리학자들의 지지와 격려, 충고와 비판이 더해진다면 내 발걸음은 더욱 가벼워질 것이다.

나의 노력과 능력이 한국의 심리학을 한 걸음이라도 더 전진시키는 데 쓰이게 되길 진심으로 바란다.

2007년 6월 14일 목요일

김 태 형

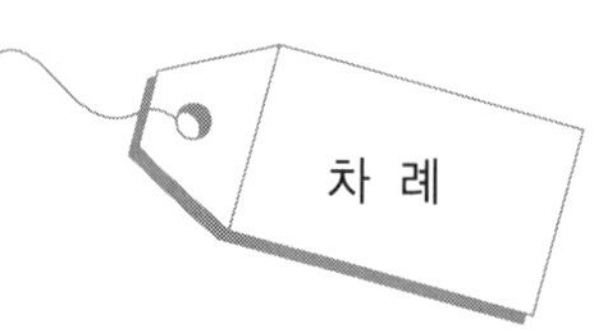

차 례

위대한 동물 조련사

스키너

# 잊을 수 없는 이름, 스키너

책의 서두를 장식하는 인물은 그 유명한 행동주의 심리학의 창시자, B.F. 스키너(Burrhus Frederic Skinner : 1904~1990)이다.

내가 심리학과에 입학했던 1980년대 중반에, 스키너는 한국에서도 한참 상한가를 달리고 있었다. 이미 미국에서는 한물 가기 시작한 행동주의가 뒤늦게 한국에서 맹위를 떨쳤던 것은 마치 서울의 철지난 유행을 시골사람들이 뒤늦게 따라하는 것과 같은 이유에서였다. 미국에서 한번 물결을 타다가 사그라든 심리학 이론은 그것을 공부하고 귀국한 유학파 연구자들에 의해 뒤늦게 한국에서 각광을 받았다. 그러다가 미국에서 나온 새 이론이 소개되면 다시 그것을 향해 우르르 몰려갔다. 물론 당시 한국의 심리학자들 중에는, 미국의 '심리학 저널'을 빨리 입수해 미국의 학문흐름을 뒤따라가기 위해 노력하는 사람들도 있었다. 그러나 어떤 경우이든 간에 한국의 심리학계는 기본적으로 미국 이론가들의 뒤꽁무니를 열심히 따라다니기에 급급했다.

미국에 대한 사대주의가 기승을 부리던 1984년부터 대학생활을 한 나는, 불운하게도 내내 '행동주의'를 찬양하는 소리를 들어야 했고, 스키너의 이론(그 아류 포함)도 지겹게 공부해야 했다.

스키너의 이론은 아주 단순하게 말하자면 'S-R' 이론이라고 할 수 있다. 즉 어떤 유기체로 하여금 특정 자극(Stimulus)과 특정 행동

(Response)을 '연합(학습)' 하게 만드는 것이다. 예를 들어 실험상자 안의 비둘기가 우연히 버튼을 눌렀다고 하자(반응: Response). 그러면 실험자는 먹이를 줌(자극: Stimulus)으로써 그 행동을 보상해 준다. 이 과정을 반복하면 비둘기는 먹이(S)와 버튼을 누르는 행동(R)을 '연합' 시킨다. 버튼 누르는 것을 '학습' 하는 것이다.

이런 원리를 응용해, 즉 '보상과 처벌' 이라는 '강화물' 을 적절히 활용해 스키너는 개에게 술래잡기를 시키고, 고양이가 피아노를 치게 만들 수도 있었다. 사실 정확히 말하자면 동물들은 '술래잡기' 를 하거나 '피아노' 를 친 것이 아니다. 단지 사람이 자기 기준으로 그런 이름을 붙인 것에 불과하다. 개는 술래잡기를 한 것이 아니라 주인이 가르친 일련의 '습관적 행동' 을 했을 뿐이니까.

그러나 이것을 본 스키너는 지나치게 흥분했다! 그래서 자기의 '동물조련술' 을 인간세상에까지 마구 적용하기 시작했다(이것이 스키너의 가장 큰 오류이다).

… 긍정적 강화의 힘을 이용하여 사람을 과학적으로 통제할 수 있다며 '행동 공학' 에 기초한 사회 건설을 제안하는 〈월든 2 : Walden Two〉도 집필했다. 이상적인 사회란 정치인에 의해서가 아니라 막대 사탕과 파란 리본으로 무장한 선의의 행동주의자들에 의해 통치되어야 한다는 것이 그의 관점이었다. 그가 〈자유와 존엄을 넘어 : Beyond Freedom and Dignity〉라는 책을 펴냈을 때, 한 평론가는 그 책을 가리켜 '개 훈련법을 통해 사람을 길들이는 책' 이라고 평가하기도 했다.(〈스키너의 심리상자 열기〉, 로렌 슬레이터/조중열 역, 에코의 서재, 2005, 29~30 쪽)

스키너는 강화 프로그램을 이용하면, 아이들을 '정치인', '예술가', '운동선수' 등 부모가 원하는 '인물'로 키울 수 있다고 주장하기도 했다(그렇게만 된다면 부모들은 아무 걱정도 없을 것이다).

 스키너와 행동주의 심리학의 오류

그러나 솔직히 말해, 나는 심리학을 처음 접했던 대학 때에도 행동주의 이론을 몹시 싫어했고 지금도 그러하다.

왜냐하면 행동주의 심리학은 오류로 가득 찬 것이기 때문이다.

① '실험실의 쥐'와 '사람'은 같은가?

실험실 혹은 실험상자 안의 '쥐'로부터 얻은 정보는 얼마나 유용할까? 그것을 바로 다른 동물들에게 적용할 수 있을까? 나아가 사람의 행동을 설명하는 데 사용할 수 있을까?

나는 이 질문에 대해 매우 회의적이다 이 책의 7번째 장에 등장하는 '브루스 알렉산더'는 실험실의 쥐가 정상이 아님[(정신이 살짝 돌아 있음)을 실험으로 증명했다].

만일 사람을 하루 종일 철창 속에 가둬두고 틈만 나면 끌고나가서 이런저런 실험을 하며, 머리뚜껑을 따서 뇌에 전극을 꽂아놓거나 등껍 질을 벗겨서 약물을 주입한다고 가정해 보라! 잔인한 '공포영화'가 따로 없지 않은가? 이런 조건에 놓여지면 보통 사람은 미치거나 자살을 할 것이고, 아주 강인한 사람은 탈출을 시도해서 실험자에게 복수를 하려고 할 것이다.

이러한 공포상황, 스트레스 상황은 실험실의 동물들에게 있어서도 동일할 것으로 추정된다. 사람에 의해 특별히 사육된 '실험용 동물'이니까 스트레스를 받지 않고 오히려 즐거워할 것이라고는 도저히 생각할 수 없기 때문이다. 한 마디로 실험용 동물들의 처지는 도살장 문 앞에 서 있는 소나 돼지와 같다. 따라서 실험실의 동물로부터 얻은 정보는 신중하게 해석되어야 한다. 특히 사람에게 적용할 때에는.

실험실의 가련한 동물들에게 있어서 '실험자'는 자기를 죽일 수도 살릴 수도 있는 '신'이다. 동물들은 자기 생명을 부지하기 위해서는 실험자가 원하는 것을 해야만 한다(그래도 결국은 죽겠지만). 저항이란 있을 수 없다. 이런 조건을 잘 이용하면 실험자는 네 발 동물을 강압적으로 학습시켜 두 발로 걸어다니게 만들 수 있을지도 모른다.

그러면 이때, 동물들의 '학습'은 실험자에 의해 유도된 자발적인 행동일까? 아니면 강압에 의해 억지로 하게 된 행동일까? 아마 후자가 맞을 것이다.

그러나 그런 강압적인 방법이 야생동물에게도 통할까? 우리 안의 호랑이에게 고깃덩이를 적절히 던져주면 그 호랑이는 장기를 둘지도 모른다. 그러나 야생호랑이에게 고깃덩어리를 던져주며 같은 행동을 학습시키려고 하면 그 호랑이는 장기를 두는 대신 스키너를 잡아먹을 지도 모른다.

이렇게 야생동물만 되어도 강화물로 행동을 조절하는 것은 극히 어려워진다. 하물며 사람이야 오죽하겠는가?

　우리는 실험실의 ‘쥐’ 로부터 얻은 정보를 어떻게 해석해야 할까? 즉 그것을 어디까지 일반화할 수 있을까?

　동물실험을 통해 얻은 정보가 전혀 무익한 것은 아니다. 인류에게 큰 도움을 준 많은 과학적 발견들은 실제로 실험실의 동물로부터 나왔다.

　그러나 실험동물로부터 얻은 정보로 실험실 밖의 세상(사람, 사회 등)을 설명하려는 시도는 ‘환원주의적 오류’ 에 빠질 가능성이 매우 크다. 안타깝게도 ‘환원주의’ (저차적인 법칙으로 고차적인 현상을 설명하는 것)는 심리학이 가장 경계해야 할 덫임에도 불구하고 대다수의 심리학자는 그것에 걸려든다.

　환원주의란 예를 들면 다음과 같은 것이다.

　친한 친구가 갑자기 나를 때렸다. 나는 깜짝 놀라서 친구에게 물어본다.

　“왜 때렸냐?”(때린 행동에 대한 이론적 설명을 요구한 것.)

　그러자 그 친구가 이렇게 대답한다.

　“내 뇌 속에서 공격호르몬이 갑자기 많이 나왔어.”(사람을 때린 것은 사회적인 행동인데, 그것을 생리적인 원인으로 설명했다.)

　당신은 고개를 끄덕거리며 친구의 설명을 이해할 수 있는가? 아마 대부분의 사람은 그 친구의 얼토당토않은 답변 때문에 화를 낼 것이다.

　그렇다. 환원주의적 설명은 제대로만 이해되면 대부분의 사람들을 화나게 한다. 다만 그것이 복잡한 통계와 실험자료, 과학적 수식어

로 화려하게 포장되어 있기 때문에 '환원주의' 임을 잘 알아채지 못할
뿐이다.

'환원주의자' 들은 이렇게 강변한다.

"침팬지와 사람의 유전자는 99%가 같다. 단 1%만이 다를 뿐이다.
그러니 침팬지를 실험한 결과를 사람에게 적용하는 것은 무리가 없
다"라고.

그러나 그들은, 침팬지는 사람이 창조한 문명과 문화, 역사를 '단
1%도 흉내내지 못한다' 는 상식을 애써 외면하고 있다. '사람은 사회
역사적 존재' 라는 진리를 이해하기에는 그들의 시야가 너무 좁은 것
같다.

스키너 또한 자기가 '환원주의' 의 덫에 걸려 있는 것을 이해하지
못했기에 '개 훈련법' 을 함부로 '사회' 에 적용하려고 했다(많은 심리
학자들도 같은 잘못을 범하고 있다).

② '조건화' 는 어디까지 가능한가?

'단순 조건화' 는 아주 간단하다. 실험상자 안에 문을 두 개 만들어
놓고 한쪽 문의 손잡이를 만지면 전기 충격을 줘보라. 동물들은 금방
'한쪽 문의 손잡이' 와 '전기충격' 을 '연합' 시켜 그 문을 피할 것이다.
그러나 '단순자극' 과 '단순행동' 이 아니라 복잡하고 고차적인 자

극을 준다면 어떨까? 복잡하고 고차적인 반응도 학습시킬 수 있을까?

'보상과 처벌'을 능수능란하게 활용하면 돼지가 탭댄스를 추게 만들고, 원숭이가 운전을 하게 만들 수 있을지도 모른다. 그러나 스키너가 할 수 있는 것은 거기까지다.

'조건화'를 통해 보통 아이가 '모나리자'를 그리게 할 수 있을까? 일반 사람을 '아인슈타인'으로 만들 수 있을까? 야구에 관심이 없는 사람을 '이승엽'으로 만들 수 있을까? 나아가 사람들로 하여금 4·19혁명이나 6월항쟁과 같은 '대중운동'을 일으키게 할 수 있을까?

대답은 분명하다. 그것은 절대적으로 불가능하다.

만일 그것이 가능하다면 이미 독재자들과 자본가들이 써먹었을 것이다.

③ '사회집단'을 '조건화'시키는 것도 가능한가?

환경의 중요성을 부정할 수는 없다. 환경으로부터 자유로울 수 있는 사람은 있을 수 없으며, 환경은 사람에게 지대한 영향을 미친다. 이런 사실에 근거해 행동주의 심리학자들은 '사람은 환경의 지배를 받는 존재'라고 주장해 왔다.

그런데 가만히 살펴보면 행동주의자들의 주장은 심각한 이론적 허점을 안고 있다.

'사람'과 '환경'과의 관계를 규명하려면, 한 개인이 아닌 '사람 전체'(전체 인류는 아니더라도 계급, 민족 같은 사회집단)와 '환경'과의 관계를 연구해야 한다(물론 이것은 심리학이 아니라 철학의 연구대상이다). 그러나 행동주의자들은 보통 실험실에 있는 '단 한 명의 사람'과 '환경'과의 관계를 실험한다(집단을 실험하는 경우에도 그것은 소그룹에 지나지 않는다). 이때 '환경'에는 피실험자 1명을 제외한 다른 모든 것이 포함된다. 심지어는 피실험자를 제외한 나머지 사람들까지 모두 포함되는 경우도 많다. 이는 마치 최신병기로 무장한 대규모 병력이 쳐들어오는 전쟁터에 피실험자 한 명을 내보내 싸움을 시키는 것과 같다. 공정한 게임이 되려면 '사람 전체'와 '환경 전체'를 맞붙여야 하기 때문이다.

그러나 행동주의자들은 그렇게 하지 않는다. 그들은 '1명의 피실험자'를 '그를 제외한 모든 것'과 대결시킨다.

행동주의는 이런 식으로 '사람과 환경' 간의 관계를 연구한다고 하면서 실제로는 '한 개인'과 '환경' 간의 관계만 실험한다. 그리고는 '봐라. 사람은 환경의 지배를 받는다'라고 선언한다. 그러나 그들의 실험이 보여주는 진실은 '한 개인은 환경의 지배를 받는다'라는 것일 뿐이다.

이렇게 행동주의자들이 주관하는 불공정 게임에서는 항상 '환경'이 승리할 수밖에 없다.

게임을 공정하게 만들려면 '사회집단'(그래야만 개인이 아니라 사람이란 개념을 사용할 수 있다)과 '환경' 간의 관계를 따져야 한다.

그렇다면 어떤 답이 나올까? 결론부터 말하자면 '사회집단(사람)이 환경을 지배한다'이다.

행동주의자들이 말하는 '환경'이란 하늘에서 떨어진 것이 아니라 전 세대의 사회집단이 만들어놓은 것이다. 또한 사회집단은 환경의 영향을 받지만 그것을 자기의 요구에 맞게 변화발전시켜 나감으로써 역사를 창조한다. 그렇기 때문에 '사람'(사회집단)은 환경의 지배를 받는 존재가 아니라 환경을 지배하는 존재인 것이다. 이 말이 잘 이해되지 않는 행동주의자들은 역사를 좀더 공부해야 할 것이다.

개인의 힘에는 한계가 있으므로 개인은 환경의 지배를 받을 수밖에 없다. 그러나 사회집단의 힘은, 사회역사적 관점에서 볼 때, 한계가 없기 때문에 사람(사회집단)은 환경을 지배할 수 있다(이 말은 사회집단이 환경의 영향을 받지 않는다는 걸 의미하지는 않는다. 다만 그것이 본질이 아니라는 것이다).

그렇다면 스키너의 '이상사회'가 가능하려면 한 개인에 대한 조건화가 아니라 '사회집단'에 대한 '조건화'가 가능해야 한다. 과연 어떤 심리학자가 그것이 가능한지 실험해볼 수 있을 것이며, 실제상황에 적용해볼 수 있겠는가?

혹여나 '사회집단' 전체를 '조건화'하는 것이 가능하다 하더라도 그것은 이미 심리학의 영역을 벗어난 '정치와 역사창조'의 문제이다.

따라서 스키너가 '동물심리학'의 잣대로 '정치와 역사'를 논한 것은 지나친 오버액션이며 월권행위라 할 수 있다.

④ 행동주의에는 사람이 없다

버튼을 누르는 쥐는 왜 그런 행동을 하는가? 버튼을 눌러야 먹을 것이 나온다는 것을 학습했기 때문일 것이다. 그런데 흥미로운 것은 행동주의자들은 강화물(S)과 쥐의 행동(R)에는 관심을 가지지만 '쥐'

라는 존재 자체에 대해서는 별다른 관심이 없다는 점이다.

이것은 마치 자동차를 연구하는 사람이 '자동차에 기름을 넣으면 움직인다' 그러나 '물을 넣으면 고장난다'는 것을 연구할 뿐 정작 자동차가 무엇인가에 대해서는 연구하지 않는 것과 같다.

놀랍지 않은가?

'사람에 대한 관심'이 없는 심리학이라니….

아이에게 시험을 100점 맞으면 '과자'를 주는 실험을 했다. 그랬더니 아이의 성적이 눈에 띄게 좋아졌다. 통계를 내보니 과자라는 '강화물'과 '성적향상'간의 상관관계가 높게 나타났다. 그러면 행동주의자들은 자기 논문의 마지막에 '과자와 아이의 성적 간에 유의미한 상관관계가 발견되었다. 따라서 아이가 과자를 먹기 위해 열심히 공부한다고 추정해볼 수 있다'는 식의 결론을 내릴 것이다. 사실일까?

아이는 어떤 생각으로 공부를 열심히 했을까?

① 정말로 '과자'가 먹고 싶어서 열심히 공부한다.

② 성적이 오르면 과자를 사주는 것으로 보아 부모는 '성적향상'을 원하는 것이 틀림없다. 이것을 눈치챈 아이는 부모를 즐겁게 해주기 위해 열심히 공부한다.

③ 과자나 부모의 칭찬에는 관심 없다. 공부 자체가 재미있어서 열심히 공부한다.

④ 아이는 좋은 머리를 가지고 태어났다. 그래서 나이를 먹어갈수록 점차 두각을 나타내게 된다

①번만 빼고 나머지는 모두 '과자'와 아이의 '성적'간에 별다른 인과관계가 없음을 말해준다. 이는 단순한 실험과 통계로 사람의 마음을 알아내려고 하는 것이 얼마나 심각한 오류에 빠질 수 있는지를 보

여주는 도식적이고 단순한 예에 불과하다.

행동주의 심리학은 이런 오류에서 벗어나기 힘들다. 그들은 사람의 행동이나 반응만 관찰할 뿐 사람 그 자체에 대해서는 거의 연구를 하지 않기 때문이다.

그러나 자극(S)과 반응(R)간의 상관관계를 보여주는 실험들을 수없이 한다고 해서 사람에 대해서 정확히 알 수 있게 될까? 타임머신이 없는 한 역사학은 원칙적으로 실험을 할 수 없을 텐데, 그럼 역사학은 죄다 거짓말인가? 실증주의자들의 주장처럼, 실험이 불가능하다는 이유로 '철학'은 폐기처분되어야 할까?

실험은 진리를 밝히기 위한 하나의 방법일 뿐이다. 그런데 진리를 밝히기 위한 하나의 방법에 불과한 '실험'이 마구잡이로 진리를 재단하거나 규정하는 것이 오늘의 미국 심리학계가 안고 있는 가장 큰 문제점 중의 하나이다.

S(자극 : Stimulus) ⇒ 사람 ⇒ R(반응 : Response)

위의 도식에서 행동주의는 S, R만 중요시할 뿐 '사람'은 무시한다. 그러나 정말로 중요한 것은 S, R이 아니라 '사람'이다. 심리학은 무엇보다 사람의 마음을 연구하는 학문이기 때문이다.

그래서 나는 '과자'와 '성적' 간의 상관관계를 연구하는데 시간을 허비하는 것보다는 아이와 대화를 나누거나 그 아이를 관찰하는 게 차라리 더 효과적일 것이라고 생각한다.

스키너의 이론이 전혀 쓸모가 없는 것은 아니다.

그의 '행동수정' 이론은 아이들을 양육하는 데 활용될 수 있다(그러나 양육의 기본은 역시 사랑이다).

또한 심한 정신병 환자들에게 기본적인 운동기능을 훈련시킬 때 사용되기도 한다. 예를 들어 '조건화'는 치유 불가능한 정신분열증 환자들이 스스로 옷을 입고 음식을 먹게 할 수 있다.

또한 스키너 이론은 공포증이나 공황장애를 치료할 때 사용되기도 한다.

> 20세기 후반의 임상심리학자들은 공포증이나 공황장애를 치료하기 위해 스키너의 조작화 이론에서 발전시킨 체계적 둔감법(systematic desensitization : 단계적으로 불안에 노출시켜 예민함을 점차 낮추는 치료법)과 자극 범람법(flooding : 공포증 환자에게 공포의 원인을 직접 대면케 하는 치료법)을 활용하기 시작했다. 이러한 행동 치료는 오늘날에도 널리 효과적으로 쓰이고 있다.(〈스키너의 심리상자 열기〉, 31~32쪽)

이렇게 스키너의 이론은 유기체의 '운동기능'(생리반응에 대한 조절·통제력 포함)을 개발하는 데 특히 유용하게 이용될 수 있다.

스키너의 이론이 활용되는 영역과 내용을 살펴보면 의미 있는 사실을 알 수 있다. 그것은 스키너의 이론이 무엇보다도 동물에게 가장 효과적이고, 사람의 경우에는 '동물 수준에 근접해 있는 사람'에게 더 잘 적용된다는 것이다.

즉 지적 수준이 낮을수록, 자아의 힘이 약할수록, 정신건강이 나쁠수록, 의존적일수록 '행동요법'은 효과를 발휘하는 것이다. 어린아이, 중증 정신병환자, 지식수준이 낮은 사람에게 특히 효과적인 것은 이런 이유 때문이다.

반대로 지적 수준이 높고 자아의 힘이 강한 사람, 정신건강이 양호하고 독립적인 사람에게는 스키너의 이론이 별다른 도움을 주지 못한다. 건강한 인격을 가진 사람은 떡을 얻어먹기 위해 나쁜 짓을 하거나 처벌을 피하기 위해 착한 일을 하지는 않기 때문이다.

그들은 '보상과 처벌'을 통해 자기를 통제하거나 훈련시키려는 사람에게 다음과 같이 말하며 화를 낼 것이다.

"내가 짐승인 줄 아냐? 당근과 채찍으로 나를 조종하거나 통제할 생각은 하지도 마!"라고.

동물 조련사, 스키너

사실 인류는 스키너의 이론을 옛날 옛적부터 알고 있었고 그것을 적절히 활용해 왔다(특히 서커스단의 동물 조련사들은 모두 스키너의 스승이다).

부모들은 아이를 양육할 때, 바람직한 행동을 하면 칭찬을 해주고 나쁜 행동을 하면 처벌을 하는 방법을 일상적으로 사용했다. 사회 또한 마찬가지이다. 사회가 원하는 행동을 하면 그 구성원들에게 '보상'을 주었고, 반대행동을 하면 '처벌'을 주었다.

그런데 왜 동네 아저씨들도 다 알고 있었고 익숙하게 사용해왔던 스키너의 이론에 미국은 그렇게까지 열광했을까?

그것은 우선 스키너가 자기 이론을 '실험을 통해 증명' 했기 때문이다.

실증주의철학의 지배하에 있는 미국 심리학은 실험에 목숨을 건다. 미국의 심리학자들은 논리적으로 추론가능한 당연한 진실도 실험을 통해 증명되지 않으면 무시하지만, 뻔한 상식도 실험을 통해 증명하면 새로운 보물이라도 발견한 듯이 난리를 친다. 미국 심리학계의 실증주의 전사들은 '실험으로 증명할 수 없는 것은 진리가 아니다' 라고까지 말하지 않는가.

그 결과 미국에서는 실험이 비교적 용이한 생리심리학, 행동주의 심리학, 실험 심리학, 인지 심리학 등만 살아남았다. 사회심리학의 경우에도 자기의 연구분야를 '실험설계'가 가능한 범위로 축소시켜 연명하는 형편이다.

그러니 명명백백하게 확인가능한 동물실험을 통해 이론을 정립한 스키너는 열렬한 환영을 받았던 것이다.

또한 스키너의 이론이 미국을 지배하던 권력자(대부분은 자본가)들의 입맛에 맞았기 때문이다.

'우민화'는 반민중적인 권력을 등장시키는 밑거름이며, 제국주의 지배권력은 우민화를 대민정책의 기본으로 삼는다. 미국을 실질적으로 지배하는 독점자본가들은 민중이 정치에 무관심하기를 간절히 바라고 있다. 민중이 쾌락과 미몽에서 깨어나는 것만큼 무서운 것은 없기 때문이다.

자본가들에게 있어서 스키너의 이론은, 사람은 환경의 지배를 받는 무기력한 존재이므로 '환경(현실)에 순응해야 한다'는 메시지를 전달하는 것이었다. 또한 그것은 '강화물을 적절히 이용한다면 사람들을 마음대로 조종할 수 있다'는 기막힌 가능성을 제시해 주었다. 게다가 스키너의 이론은 사람이 '실험실의 쥐'와 다르지 않다는 '동물-사람 일체설'의 냄새를 짙게 풍겼다.

미국 주류사회가 그를 환영하지 않을 리 없었다.

한 시대를 풍미한 행동주의 심리학의 창시자 스키너.

그는 '동물조련법'으로 사람을 설명함으로써 심리학을 '환원주의'의 늪 속으로 깊이 밀어넣었다.

이런 점에서 〈스키너의 심리상자 열기〉의 저자인 '로렌 슬레이

'터' 가 스키너의 '환원주의적 철학' 에 대해서는 제대로 평가를 하지 않은 채, 때로는 스키너의 이론을 비판하다가, 때로는 그의 이론을 무비판적으로 인정하는 식으로 혼란스러운 태도를 드러내고 있는 점은 매우 유감스럽다. 예를 들면 그녀는 '쥐 실험' 을 근거로 다음과 같은 결론을 내리는데, 이것은 스키너의 오류를 그대로 답습하는 것이다.

> 보상이 비정기적으로 이루어질 때 행동이 소멸되기가 가장 어렵다는 사실을 발견했다. … 우리의 가장 친한 친구가 기분이 내킬 때만 전화를 하는 못된 애인의 전화를 애달프게 기다리는 이유는 무엇이고, 왜 평소에 멀쩡한 남자가 연기 자욱한 카지노에만 가면 돈이 한 푼도 남지 않을 때까지 도박을 하다가 끔찍한 지경에 이르는지 말이다. 왜 여자들은 지나친 사랑을 하고, 남자들은 위험할 정도까지 주식 투자를 하는가? 그것은 소위 '간헐적 강화' 라는 것으로, 스키너는 그 메커니즘과 우연성이 가진 강박성을 여실히 보여주었다.(〈스키너의 심리상자 열기〉, 27쪽)

위의 사례에 등장하는 사람들의 행동을 가장 잘 설명해 주는 것은, 쥐 실험을 통해 발견된 '간헐적 강화' 라는 개념이 아니라 '중독의 심리적 메커니즘' 이다('간헐적 강화' 가 영향을 미친다고 해도 그것은 부차적일 뿐이다). 관계중독, 도박중독에 빠지지 않은 건강한 사람은 기분이 내킬 때만 전화를 하는 못된 사람을 애인으로 삼지 않으며, 도박이나 주식투자에도 손을 대지 않는다.

로렌 슬레이터는 스키너가 휴머니스틱한 면을 가진 사람이었다고 하면서 "어느 쪽이든 우리가 스키너를 너무 단순화시켰는지 모르겠다. 그가 우리를 상자 안에 가두기 전에 우리가 그를 상자 안에 가둔

것만 같다"고 결론내리고 있다.

그러나 공과 사는 구분되어야 한다.

스키너가 설사 착한 사람이었다고 해도 그것 때문에 그의 이론에 대한 평가를 두리뭉실하게 해서는 안 된다. 스키너의 이론은 부인할 수 없는 심각한 오류를 가지고 있고, 그는 예나 지금이나 심리학에 나쁜 영향을 미치고 있기 때문이다.

21세기의 심리학은, 동물 조련사 스키너와 미련 없이 작별을 고하는 것을 전제로 해야 할 것이다.

제2장

35%에 절망한

밀그램

# 실험의 최대 피해자는 바로 밀그램

1961년, 예일대학의 심리학과 조교수인 스탠리 밀그램(Stanley Milgram)은 자기를 파멸로 이끌지도 모를 실험을 실시했다.

밀그램은 … 실제처럼 보이지만 사실은 작동하지 않는 가짜 '충격기계'를 만든 것이다. 그러고는 수백 명의 지원자들을 모아 한 사람에게 치명적일 정도로 강한 전기충격을 가하라고 명령했다. 사람들은 이것을 모두 사실로 믿고 전기충격을 가했다. 하지만 전기충격을 받는 사람은 실제로 돈을 받고 고용된 배우로서 가짜 고통을 연기하고 심지어는 죽은 것처럼 가장했다. 과연 명령을 받은 사람들은 어느 정도까지 명령을 따랐을까?(《스키너의 심리상자 열기》, 로렌 슬레이터/조증열 역, 에코의 서재, 2005, 50쪽)

그런데 실험의 결과는 밀그램의 예상을 뛰어넘는 충격적인 것이었다. 무려 65%의 사람들이 전기충격을 가하라는 명령을 따랐던 것이다.
밀그램 여사는 이렇게 말했다.

"남편은 명령에 복종하는 사람들이 그렇게 많을 것이라고 예측하지 못했어요. 결국 그는 사람들에 대해 냉소적인 생각을 갖게 되었죠."(《스

키너의 심리상자 열기〉, 68쪽)

밀그램의 실험은 다양한 피험자들을 대상으로 반복되었으나 결론
은 거의 같았다. 즉 '신뢰할 만한 권위를 대면했을 때, 62~65퍼센트의
사람들이 다른 사람에게 치명적인 해를 입힐 정도로 명령에 복종했
다.'

밀그램은 사람에 대한 혐오증에 빠져들기 시작했다. 그는 '그럴
만한 상황'이 주어지면, 아무리 이성적인 사람도 도덕규칙을 무시하
고 잔혹행위를 저지른다고 주장했다.

실험이 시작된 후 3개월이 지났을 때, 밀그램이 후원자들에게 보
낸 편지에는 그의 심경이 잘 나타나 있다.

"얼마 전 제가 순진했을 때만 하더라도, 독일처럼 국가 차원의 죽음의
수용소를 만들 만큼 도덕성이 결여된 사람들을 미국 내에서 찾을 수 있
을까 의문스러웠습니다. 하지만 지금은 뉴헤이번만 뒤져도 그 인원을
채울 수 있다고 생각합니다."(〈스키너의 심리상자 열기〉, 69쪽)

의도한 바는 아니었겠지만, 밀그램의 실험은 자기 자신을 파멸시
키기 시작했다.

사람에 대한 '냉소'와 '혐오'를 가지고 세상을 바라보는 것은 고
통스러울 뿐만 아니라 지극히 허무한 일이기 때문이다.

적당한 조건만 주어지면 언제든 '악마'로 변할 수 있는 존재가 사
람이라니!

악마들에게 둘러싸여 살아야 하는 이 세상은, 밀그램에게 있어서

는 아름다울 수 없었다.

 밀그램의 실험은 엉터리였나?

밀그램의 실험은 결함을 가지고 있었다.

① 두 개의 도덕률 간의 갈등(실험자에 대한 신뢰)

사람들은 과학자를 매우 신뢰한다. 특히 일반인들은 '흰 가운'을 입고 있는 의사, 간호사, 방역요원, 실험자 등이 악할 것이라고는 거의 생각하지 않는다.

실험 참가자들이 끝까지 명령을 따랐던 것은 '설마 흰 옷을 입은 과학자가 나쁜 짓이야 하겠어?' 라는 생각을 했기 때문일 수도 있다.

그렇다면 그들은 '두 개의 도덕률' 사이에서 갈등을 겪어야만 했을 것이다.

'흰 가운을 입은 과학자를 도울 것인가?' 아니면 '전기충격으로 고통 받는 피실험자를 도울 것인가?

이럴 경우 계속 전기충격을 주는 걸 선택한 사람들을 비도덕적이라고 비난할 수는 없다. 그들은 '과학자와의 약속을 지키는 것', '과학자를 돕는 것'이 더 도덕적이라고 생각했을 테니까.

이런 맥락에서 심리학자 '버니 믹슨'은 다음과 같이 말했다.

밀그램의 연구 주제가 복종과 거리가 멀며, 오히려 그가 연구한 것이 믿음이라는 주장을 내세웠다. 피실험자들이 명령을 '끝까지' 갈 수 있었던 것은 실험자의 선의를 믿을 수 있는 충분한 이유가 있었기 때문이라는 것이다.(〈스키너의 심리상자 열기〉, 82쪽)

② 돈의 힘

밀그램의 실험에 참가했던 조슈아는 이렇게 말했다.

"저는 환경학과 조교수였습니다. 그때 광고를 보고 참가해보자는 생각을 했지요. 당시 4달러면 상당한 액수였거든요. 그리고 제겐 돈이 필요했습니다. 그래서 그 일을 했어요."(〈스키너의 심리상자 열기〉, 75~76쪽)

경제적으로 궁핍한 상태에 있었을 것으로 추측되는 피실험자들은, 상당한 액수의 돈을 받았다(선불이든 후불이든).

그들은 그 돈을 받은 이상 약속을 지켜야만 했다. 안 그러면 돈을 돌려달라고 할지도 모르지 않는가?

밀그램의 실험은 비록 한 사람에게 전기충격은 주지만 총이나 칼로 그를 죽이는 것은 아니다. 또한 실험자는 반복해서 '영구적인 조직 손상은 없을 것입니다' 라고 말하고 있다. 여기에 더해 상당한 돈까지 받았으니, '약속을 이행해야 한다는 의무감' 혹은 '환불을 요구할지도 모른다는 불안감' 까지 더해진다.

보통 미국 사람이라면 실험자의 명령을 거부하기는 정말 어려울 것이다.

그런데도 65%밖에 명령을 따르지 않았다. 대단하지 않은가?

③ 또 '고립된 개인' 인가?

길가던 나그네나 담배가게 주인 같은 보통 사람들은 '흰 가운' 을 입고 돈까지 주면서 '실험' 을 하지는 않는다. 흰 가운을 입은 실험자는 '대학' 이라는 조직 혹은 '과학자 집단' 을 상징하게 마련이다. 그렇기 때문에 피실험자는 본질적으로 실험자라는 한 개인으로부터가 아니라 '집단' (조직)으로부터 압력을 받게 된다.

즉 피실험자는 일 대 일 상황에 놓인 것이 아니었다. 그는 고립된 '한 개인' 으로서 '권위를 가진 사회집단' 에 맞서야 했던 것이다.

만일 같은 실험에 10명 정도의 사람을 동시에 참가시켰다면 어땠을까?

위 실험에서 35%는 명령을 거부했다. 따라서 적어도 3명 이상은 실험자에게 항의하면서 거부의사를 밝혔을 것이고, 다른 사람들에게 이렇게 말했을 것이다.

"이건 말도 안 되는 짓입니다. 당장 이 실험을 그만 둡시다"라고.

그래도 나머지 65%의 사람들이 끝까지 명령을 따랐을까? 분명 다른 결과가 나왔을 것이다.

밀그램의 실험실 상황은 일상생활에서는 거의 만나기 힘든 '특수상황'임이 분명하다. 실험 참가자들 중 다수는 살아오면서 그같이 기이하고 모호하며, 황당하고 불쾌한 경험은 처음 해보았을 것이다.

그럼에도 불구하고 35%는 명령을 거부했다. 왜 그랬을까?

성격의 차이 때문인가?

밀그램은 명령에 계속 복종한 사람들과 그것을 거부한 사람들의 차이가 성격 특성 때문인지 알아보기 위해 1960년대 중반에 실험에 참가했던 사람들을 불러 심리검사를 실시하였다. 그러나 밀그램의 실험 동료였던 엘름 교수는 이런 결론을 내릴 수밖에 없었다.

"우리는 순종적이거나 반항적인 사람들의 고정적인 성격 특성을 발견하지 못했습니다."(《스키너의 심리상자 열기》, 73쪽)

그럼에도 불구하고 책의 저자인 로렌 슬레이터는 "나는 성격적 요인이 존재한다고 믿는다. 인간이란 단지 상황 속에서만 존재하지 않기 때문이다."라고 말한다.

당연한 말이긴 한데, 뭔가 허전하다.

65%와 35%의 차이가 성격 차이로 설명될 수 있다는 것인가 없다는 것인가? 성격 차이가 어떤 방식으로 어떻게 사람의 행동에 영향을 미친다는 것인가?

물론 '성격' (유전자)과 '환경' 간의 관계에 대한 해묵은 심리학적 논쟁을 지면관계상 여기에서 할 수는 없다. 그러나 한 가지는 분명히 말할 수 있는데, 그것은 '성격이 사람의 행동에 영향을 미치기는 하지만 그것은 부차적이다' 라는 사실이다.

어떤 성격이론들은 성격을 가지고 너무 많은 것을 설명하기도 한다. 예를 들어 착한 사람이나 나쁜 사람, 너그러운 사람이나 공격적인 사람, 진보적인 사람이나 보수적인 사람의 차이가 성격 때문이라고 주장하는 이론도 있다. 그러나 착한 사람과 나쁜 사람의 차이는 '도덕성' 에 의해, 너그러운 사람과 공격적인 사람의 차이는 '마음속의 분노' 에 의해, 진보적인 사람이나 보수적인 사람의 차이는 '사상과 신념' 의 차이에 의해 규정되는 것이지 성격의 차이에 의해 규정되는 것은 아니다. 그렇기 때문에 성격이론은 사람의 모든 심리적 특성과 행동을 설명하지 못하며, 그렇게 하려고 해서도 안 된다.

…

성격이론을 지나치게 확대적용 하는 것은 곤란하다. … 이는 '성격 환원주의' 로서 미국이 이라크를 침공한 이유가 부시의 성격 때문이라고 주장하는 것이나 다름없는 어리석은 일이다. (《성격과 심리학》, 김태

형 · 전양숙, 새뜰심리상담소, 2007, 165/186쪽)

65%와 35%가 성격 차이 때문에 나누어지는 것이 아니라면, 그러면 도대체 왜 35%의 사람들은 실험자의 명령을 거부했을까?

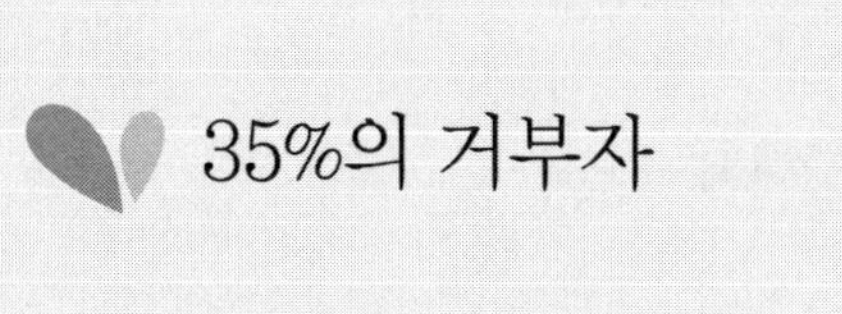

실험자의 명령을 따른 사람들, 반대로 그것을 거부했던 사람들. 그들의 차이는 다음과 같은 이유 때문에 나왔을 것이다.

① 가치관, 신념의 차이

사람의 행동에 가장 굵직한 영향을 미치는 것을 꼽으라면 나는 주저 없이 '가치관과 신념'을 선택할 것이다.

왜 스님들은 결혼을 안 하고 채식만 하면서 산에서 사는가? 왜 사람들은 한나라당 혹은 민주노동당을 지지하는가? 왜 어떤 사람들은 환경을 파괴하고 다른 사람들은 그것을 지키려고 애쓸까?

환경 때문에? 성격 차이 때문에? 아니면 유전자 때문에?

‘가치관과 신념’이 사람의 모든 행동을 결정하지는 않는다. 그렇지만 그것이 사람의 행동에 미치는 영향력은 다른 어떤 요인들보다도 강력하다.

밀그램의 실험에 참가한 사람들 중 35%는 분명히 ‘어떤 이유로든 다른 사람에게 고통을 주는 것은 잘못된 것이다’와 같은 신념을 강하게 가지고 있었을 것이다.

② 정서상태의 차이

위기상황이나 혼란상황에서 더 중요한 것은 ‘지적 능력’이 아니라 ‘정서 능력’이다.

불이 난 건물에서 살아나오는 사람은, 매우 불안한 정서를 가지고 있는 ‘대학교수’보다는 안정된 정서를 가지고 있는 ‘중학생’일 가능성이 더 많다. 극도의 불안으로 정신적 공황상태에 빠진 대학교수는 자기 머리에 가득 찬 지식을 전혀 이용하지 못할 것이기 때문이다.

밀그램의 실험에 참가한 사람들은 실험 도중에 웃거나 숨을 죽이며, 눈물을 흘리고, 갑작스러운 복통을 호소했다. 이러한 정서반응은 피실험자들이 극한상황에 몰려 있었음을 보여준다. 다음은 실험에 참가했던 사람의 증언이다.

“음, 전 그냥 계속했습니다. 우울증이 심해져 거의 신경을 쓰지 못했죠. 그저 영구적인 조직 손상은 없을 것이라고, 그가 옳을 것이라고만 생각했습니다.(〈스키너의 심리상자 열기〉, 89쪽)

아마도 비교적 안정된 정서를 가지고 있는 사람들이 35%에 들어 갔을 가능성이 많다. 그들은 혼란스런 상황에서도 냉정하게 판단력을 유지할 수 있었기에, 실험을 거부할 수 있었을 것이다.

③ 상황판단 능력의 차이

밀그램의 실험에 참가했던 사람들은 '고립된 상태'에서 '극도의 스트레스'를 받으면서 '자기의 머리'만으로 상황을 판단해야 했다.

시간도 촉박했다. "잠깐만요. 집에 가서 생각 좀 해보고 내일 다시 오겠습니다"라고 말할 수는 없었던 것이다. 그 자리에서 바로 판단을 내려야 했다.

따라서 이 실험의 결과에는 지적인 문제, 즉 '상황판단 능력의 차이'도 영향을 미쳤을 것이다.

일상생활에서 사람들은 자기 머리로 판단이 안 될 때에는 다른 이들의 도움을 받는다. 또는 이런저런 정보를 찾아보기도 한다. 그러나 밀그램의 실험은 사람들을 졸지에 '로빈슨 크루소'로 만들어 버렸다.

하버드 대학의 전 교수 다니엘 조나 골드하겐은 이렇게 말했다.

"밀그램이 설정한 상황은 피실험자들이 스스로 무슨 행동을 하고 있는 지에 관해 생각할 시간을 전혀 주지 않았습니다. 하지만 실제 세상은 그렇지 않습니다. … 실제 세상에서는 행동을 바꿀 기회가 얼마든지 있 습니다."(〈스키너의 심리상자 열기〉, 83쪽)

밀그램의 실험에 참가한 사람들은 대부분 혼란스러운 상태에 있었을 것으로 생각된다. 그들은 도대체 지금 무슨 일이 벌어지고 있는 것인지, 실험자의 명령을 따라야 하는지 거부해야 하는지 판단하기가 쉽지 않았을 것이다.

따라서 상황판단 능력이 우수한 사람이 모두 다 실험을 거부하지는 않았겠지만(상황판단은 정확히 했지만 돈을 받기 위해 계속 진행한 사람도 있었을지 모른다), 그들이 실험을 거부할 가능성은 분명히 판단능력이 부족한 사람들보다는 더 클 것이다.

④ '자아' 의 힘의 차이

'자아' 가 강한 사람들은 자기개념이 확실하고 자존감, 자신감이 높다.

자아가 약한 사람들은 이와 반대되는 특성을 가지기 때문에 '의존성' 이 심하고 '권위' 에 굴종적이다.

따라서 '자아' 가 강한 사람들은 35%에 포함되고 '자아' 가 약한 사람들은 65%에 포함되었을 가능성이 많다(물론 완전히 일치한다는 의미는 아니다).

35%의 희망

여전히 밀그램은 이렇게 말할지도 모른다.

"좋다. 그런 여러 변수들이 있다고 치자. 그래도 상대방이 고통으로 몸부림치는 것을 두 눈으로 똑똑히 보면서도, 사람들 중 65%는 계속 전기충격을 가했다. 정말 쇼킹하지 않은가?"

좀 쇼킹하긴 하다.
그렇지만 내 생각에는 다음의 사실들이 더 쇼킹하다.

아이들이 걸음마를 익히기까지 얼마나 많이 넘어지는지 아는가?
한국에서 군부독재를 타도하기 위해 얼마나 많은 사람들이 치욕스런 굴종의 시간을 통과하며 좌절과 실패를 겪어야 했는지 아는가?

'사람'이란 실수를 하면서 자기를 완성하고, 실패를 딛고 창조를 이룩하며, 잘못을 반성하면서 전진하는 존재임을. 그렇기 때문에 끝내 '사람'만이 우리의 희망임을 '밀그램'은 알아야 한다.

밀그램의 실험에 참가했던 '제이콥'은 다음과 같이 말했다.

"아무리 해도 저의 행동에 대한 생각을 지울 수 없었습니다. 돌이킬 수 없었어요. … 그 실험으로 인해 저는 제 인생을 재점검하게 되었습니다. … 실험을 통해 저 자신의 도덕성이 얼마나 약한지를 깨닫고 놀랐습니다. 그래서 저는 윤리운동을 시작했습니다. … 실험이 제 인생을 바꾸었어요. 제가 권위에 따라 행동하지 않게 해주었죠." (〈스키너의 심리상자 열기〉, 89~90/92쪽)

65% 중의 하나였던 제이콥의 말에서 우리는 희망을 찾아야 한다. 변한 것은 제이콥 혼자만이 아니었다.

피실험자들은 그 실험으로 인해 권위와 책임 사이의 관계에 대하여 다시 한 번 생각하게 되었다고 주장했다. … 밀그램 자신이 말한 것처럼, 이 실험을 통해 깨달음이 생겨났고, 그것은 변화로 가는 첫걸음일 것이었다. (〈스키너의 심리상자 열기〉, 92쪽)

밀그램은 일상생활에서는 마주치기 힘든 '특수상황' 속으로 사람들을 밀어 넣었다. 그리고는 그들 중 65%가 비도덕적인 행동을 하자, 그것을 빌미로 '사람'을 혐오하기 시작했다.

그러나 밀그램을 실망시켰던 그 65%란 숫자는 영원히 65%에 머물러 있지는 않을 것이다.

군부독재의 총칼 앞에 숨을 죽이고 눈치만 살핀다며, 민중에게 함부로 손가락질을 해서는 안 된다. 그 비겁했던 민중이 1980년 5월 공수부대에 맞서 광주를 해방시켰고, 1987년 6월에는 군부독재를 역사의 무대에서 퇴장시키지 않았는가.

인류는 짐승 같은 삶만이 허락되었던 노예제를 매장하고, 신분의 족쇄에 묶여 신음해야 했던 봉건제도 무너뜨렸다. 물론 앞으로 그들이 자본의 속박을 떨쳐내고 어디를 향해 나아갈지는 아무도 모른다.

다만 분명한 것은 인류가 노예제로, 봉건제로, 자본제로 거꾸로 회귀하지는 않을 것이라는 점이다.

사람은 고난을 겪으면 '무기력' 해지기도 하지만 '정치적으로 단련' 되기도 한다. 그런데 다행히도 인류는 고난을 겪으며 무기력해진 사람이 아니라 '단련된 사람' 의 뒤를 따라서 전진해 왔다. 앞으로도 그럴 것인지 아닌지는 오늘을 사는 인류의 손에 달려 있지만, 나는 지금까지 계속되어 온 역사의 필연은 내일에도 계속될 것이라고 믿는다.

그렇기 때문에 밀그램에게 이렇게 말해 주고 싶다.

"밀그램 씨, 미국을 바꾸기에는 35%면 충분합니다. 섣불리 사람에 대한 희망을 버리지 마세요."

사실 밀그램의 '절망' 은 넓은 범위가 아니라 아주 협소한 영역에서, 그리고 장기간에 걸친 것이 아니라 단기간에 진행된 실험 때문에 비롯되었다.

그런 몇 개의 실험 때문에 '사람' 을 불신하게 되다니….

확실히 밀그램은 단순하고 경솔했다('사람을 신뢰' 하게 만들어 주는 결과가 나올 실험을 잘 설계해서 한번 해봤더라면 정말로 좋았을 것이다).

35%는 '절망의 숫자' 인가 아니면 '희망의 숫자' 인가?

'35%의 사람이 언젠가는 65%의 잠을 깨우게 된다' 는 사실을 밀그램에게 말해 주고 싶지만 이미 늦었다.

사람을 신뢰할 수 없게 되어서, 세상을 살아갈 희망을 잃었기 때문일까?

밀그램은 1984년, 51세의 나이로 이 세상을 떠나갔기 때문이다.

제3장

오염된 물속에 빠져 있는

달리와 라타네

 방관자 실험

1964년 3월 13일, 뉴욕에서 충격적인 범죄가 발생했다. 야심한 시각에 윈스턴 모즐리라는 남자가 한 여자를 35분에 걸쳐 잔인하게 살해한 사건이 일어난 것이다. 사실 그런 유의 살인범죄는 미국에서 자주 일어나기 때문에 그리 놀랄 만한 것이 못 된다. 그러나 사람들을 충격에 빠뜨린 것은, 위험에 빠져 '도와 달라'고 외치는 여자의 처절한 목소리를 듣고도, 주변 건물에 있었던 38명의 증인들이 그 여자를 도와주지 않고 구경만 했다는 사실이었다. 증인들 중 한 명은 '그 여자를 내버려 두시오'라고 소리를 질렀고, 사건이 끝난 후 한 명은 경찰에 신고를 했지만 그뿐이었다. 그래서 그녀는 누구의 도움도 받지 못한 채 죽었다.

이 사건이 언론을 통해 알려지자 미국은 도덕성 문제로 들썩거리기 시작했고, 38명의 방관자들을 향해 비난의 화살이 퍼부어졌다.

궁금해서 견딜 수 없었던 존 달리(John Darley)와 빕 라타네(Bibb Latané)라는 '실험 신봉자'들은 즉시 실험에 착수했다.

그들은 '위험에 처한 간질환자'를 흉내 내기 위해 배우를 고용했다. 그리고 실험에 참가한 사람들을 각각 고립된 방에 집어넣었다. 피실험자들은 스피커를 통해 다른 사람의 말을 들을 수 있었고, 자기 차례가 돌아오면 마이크에 대고 고민을 얘기하게 되어 있었다. 그리고는 미리 짜여진 각본에 따라 가짜 간질환자가 발작을 일으켰고, 그의 신음소리는 피실험자들이 있는 방의 스피커를 통해 울려 퍼졌다.

실험결과 밀그램의 경우와 비슷하게 31퍼센트만이 간질환자를 돕기 위한 행동을 취했다.

달리와 라타네는 다수의 사람들이 '방관' 했던 이유를 '책임감 분산' (diffusion of responsibility) 때문이라고 생각했다. 즉 피실험자가 간질환자와 일 대 일로 있을 경우에는 그를 도와줄 수 있는 사람이 자기 혼자밖에 없다. 따라서 책임감을 무겁게 느낄 것이다. 그러나 여러 사람이 있을 경우에는 자기 말고도 간질환자를 도와줄 수 있는 사람이 많기 때문에 책임감을 적게 느낀다는 것이다.

달리와 라타네는, 사람들이 많아지면 서로 '책임 떠넘기기' 를 하기 때문에 위험에 빠진 사람을 도울 확률이 낮아진다는 이론을 증명하기 위해 또다른 실험을 하였다.

피실험자들이 자신 말고 도와줄 학생이 네 명 더 있다고 믿었을 때는 희생자를 위해 도움을 청하려고 하지 않았다. 반면에 자신과 간질발작을 일으키는 학생 단 둘이 있다고 믿었을 때는 피실험자의 85퍼센트가 수수방관하지 않고 도움을 청했고, 그것도 발작이 일어난 지 3분 안에 조치를 취했다.(〈스키너의 심리상자 열기〉, 105쪽)

물론 피실험자들로 하여금 '방관자' 역할을 하게 만든 다른 이유

들도 존재한다(〈스키너의 심리상자 닫기〉 제2장 참조). 여기서는 앞
의 내용을 간단히 언급한다.

- 가치관과 신념의 차이 : 이타적인 가치관과 신념을 가졌는가 그
  렇지 않은가 등
- 정서상태의 차이: 너무 흥분해 두려움으로 몸이 얼거나 당황해
  서 갈팡질팡했을 가능성 등
- 상황판단 능력의 차이: 비상사태가 실제인지 거짓인지 구분하
  는 능력, 간질환자를 돕기 위해 어떤 행동을 해야 하는지 빨리
  판단을 내리는 능력 등
- '자아'의 힘의 차이: 의존적인 자아인가 아니면 독립적인 자아인가

어쨌든 밀그램, 그리고 달리와 라타네의 실험결과에 의하면 사람
은 단지 31~35% 정도만이 착하다!
이 결과는 또 어떻게 받아들여야 하나?

실험결과에 대한 상반된 해석

남극에 가서 펭귄을 보았을 때, 어떤 사람은 그것을 '턱시도를 입
은 신사'로 보기도 하고 또 다른 사람은 '살찐 제비'로 보기도 한다.

물론 정확하게 '펭귄' 으로 보는 사람도 있다. 이런 식으로 실험 결과 또한 경우에 따라 여러 가지로 해석될 여지를 가진다.

여전히 많은 미국 심리학자들이 '사람에 대한 혐오감을 불러일으키는 실험' 을 계속하고 있지만, 제2장에서 지적했듯이, 사실상 밀그램 그리고 달리와 라타네의 실험은 사람에 대한 '혐오' 가 아니라 '신뢰' 를 보여주는 것으로 해석되는 것이 옳다.

권위에 복종해 타인에게 전기충격을 가했던 사람들 그리고 위험에 빠진 간질환자를 외면했던 사람들은 '실험' 이라는 새로운 경험을 통해 분명히 발전했기 때문이다.

그들은 결코 타인의 고통에 무관심하지 않았다(만약 그랬다면 이 세상은 정말 가망이 없을 것이다).

피실험자들은 발작을 일으키는 가짜 학생의 목소리를 들었을 때 두려움을 느꼈다. … 대응을 할 것인가 말 것인가 사이에서 갈등하고 우유부단해하는 상태였다. 대응을 하지 않은 피실험자들이 보인 감정적 행동은 다른 피실험자들이 대응을 함으로써 해결했던 그 갈등 속에서 끊임없이 괴로워했다는 신호였다.(《스키너의 심리상자 열기》, 106~107쪽)

몬태나 대학의 사회과학자인 아서 비먼(Arthur Beaman) 교수는 1979년에 발표한 논문에서 '교육의 효과' 를 강조했다.

만일 우리가 어떤 집단에게 사회적 신호와 다수의 무시 그리고 방관자 효과에 관한 교육을 실시한다면 그런 행동이 앞으로 벌어지지 않도록 미리 예방할 수 있다. … 버먼은 대학생 집단을 모집하여 그들에게 달

리와 라타네의 간질과 연기 실험을 녹화한 필름을 틀어주었다. … 필름
을 보고 훌륭한 시민의식을 기르기 위해 필요한 단계가 무엇인지 깨달
은 학생들은 교육을 받지 못한 사람들보다 두 배 이상 도움을 주는 경향
을 보였다.(〈스키너의 심리상자 열기〉, 116~117쪽)

‘특수상황’에 처하면 많은 사람들이 실수를 하지만, 그들이 제대
로 된 반성을 하거나 사전교육을 받으면 실수를 할 가능성은 크게 줄
어든다. 변혁운동이론에서 ‘의식화 선행’을 강조하는 것도 이런 이유
때문이다. 우민화된 민중은 히틀러나 부시에게 열렬한 환호를 보내지
만 의식화된 민중은 그들을 타도할 수 있다.

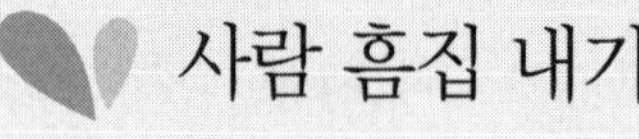

사람 흠집 내기

달리와 라타네는 사람이 얼마나 ‘불완전한 존재’인지를 보여주는
또 다른 실험을 진행했다.

벽에 구멍이 뚫린 방에 2명의 피실험자와 2명의 고용된 배우를 집
어넣고는 그 구멍을 통해 연기를 들여보냈다. 하얀 연기를 보고도 2명
의 배우들은 아무 일도 일어나지 않은 듯이 태연하게 행동했다. 그 결
과 단 한 명의 피실험자만이 복도 끝에 있는 실험자에게 연기가 난다

고 보고를 했다. 그러나 피실험자 한 명만 연기 나는 방 안에 두고 실험을 했을 때는 모두 다 그 사실을 '당장' 보고했다.

　이 실험의 결과는 사람이란 '자기 생각대로 행동하는 존재' 가 아니라 '타인의 눈치' 나 보고, '무비판적으로 다수를 따라다니는 어병한 존재' 임을 증명해 주는 것처럼 보였다.

　책의 저자인 로렌 슬레이터 또한 비슷한 냉소적 입장을 피력한다.

　우리는 우리 자신을 의심한다. 우리 스스로 말이다. … 자신감을 잃은 것이 아니라 한 번도 가져본 적이 없었던 것이다! 우리 인간은 직관과 상식이 두뇌 속에 꽁꽁 묶여있는 저주 받은 동물이다!
…
　인간은 대열을 무너뜨리느니 차라리 자신의 목숨을 내놓는 존재라는 것, 생존보다 사회적 예절을 더 중시한다. … 우리는 모두 모방에 의해 움직이는 존재인 것이다.(〈스키너의 심리상자 열기〉, 108~109/111~112쪽)

　다수의 의견을 존중하는 것이 그리도 문제일까?
　다수의 행동을 모방하는 것이 무조건 나쁜 일인가?
　그것은 사람들이 그 무엇보다도 '인간' 을 신뢰한다는 증거가 아닐까?

　사람은 '사회적 존재' 이기 때문에 타인으로부터 사랑받고 싶어하며, 사회 속에 포함되고 싶어 한다. 그 누가 고독한 외톨이로 사는 것을 좋아하겠는가?
　사람은 사회적 존재이기 때문에, 타인 특히 다수를 신뢰하는 경향이 있다. 물론 사회가 유지되고 발전하는 데 꼭 필요한 '대중성' 이 때로는 잘못된 결과를 낳기도 한다. 특히 '다수' 가 틀리거나 잘못된 행동을 할 때, 그것은 사회 전체를 나쁜 방향으로 몰아갈 수도 있다. 그러나 대중성은 그런 역기능을 하기도 하지만 순기능을 하는 경우가 더 많다. '총' 이 죄 없는 사람을 죽이는 '흉기' 로 쓰이기도 하지만, 잔인무도한 침략자를 무찌르는 '정의의 무기' 로 활용되기도 하는 것과 마찬가지이다.

사람들이 때때로 실수를 하고 어리석은 행동을 한다고 해서 '사람이란 존재' 자체를 비관적으로 바라보는 것은 정말 어리석은 일이다.

도덕적으로 타락한 사람일수록 이순신 장군 같은 정의로운 영웅이 존재할 수 있다는 사실을 인정하지 않으려 한다. … 이런 사람들은 "당신도 잘못한 게 있지 않느냐" 라고 말하며 상대방을 물귀신처럼 물고 늘어진다. 아무리 건전하게 사는 사람이라 하더라도 잘못이나 실수를 전혀 범하지 않고 살 수는 없다. 그래서 이런 말을 들으면 '나도 잘못한 게 있는데' 라는 생각 때문에 도덕적으로 문제가 있는 사람들에게 할 말을 못하고 당하기도 하는 것이다.

이순신 장군이나 안중근 의사 같은 분들도 당연히 잘못이나 실수를 한 게 있을 것이고 원균이나 이완용 같은 사람들도 어쩌다 잘한 일이 있을 것이다. 그렇다고 해서 나라를 지켜내기 위해 모든 것을 다 바쳐 싸운 이순신 장군의 작은 실수가 사리사욕과 무능 때문에 범한 원균의 잘못과 같을 수는 없다. 또한 안중근 의사의 애국적 의거가 이완용의 사소한 선행과 비교될 수는 없는 것이다.

착한 사람은 실수를 하며 살더라도 역시 착한 사람이지만, 나쁜 사람은 몇 가지 착한 일을 하며 살더라도 역시 나쁜 사람이다.(《부모-나 관계의 비밀》, 김태형·전양숙, 새뜰심리상담소, 2005, 74~75쪽)

사람은 어떤 존재인가?

인류역사는 무엇을 말해주고 있는가?

사람은 실수를 할 때도 있지만 여전히 '가능성'을 가진 존재인가? 아니면 착한 일도 하기는 하지만 끝내 버림받아야 할 존재인가?

다수의 행동을 모방하는 태도를 비난하는 것은, '사람, 대중에 대한 불신'을 찬양하는 것과 본질적으로 같다. 앞의 실험은 사람들에게 '다수가 틀릴 수도 있으니 조심하라'는 메시지만 전달해 주면 된다. 즉 사람은 경우에 따라서 '다수의견을 좇다가 실수를 할 수 있다'는 것 이상을 설명하려고 해서는 안 된다는 것이다.

 미국사회에 먼저 '죄'를 물어야

왜 미국 심리학자들은 '단편적인 실험'에 근거해 그렇게도 쉽게 사람을 비웃고 인류에 대한 혐오감을 표현할까?

그들 자신이 '비관적인 인간관'을 가지고 세상을 보고 있기 때문은 아닐까?

그러나 '환경의 영향' 을 중시하는 '달리와 라타네' 같은 미국의 심리학자들은, 사람들을 실험실로 불러들이기 전에, 미국인의 심리에 커다란 영향을 미칠 것이 분명한 '미국사회의 문제점' 들을 반드시 고려해야 할 것이다.

① 극우보수화된 미국정치

프랑스대혁명과 파리코뮌 등을 경험했던 프랑스는 '진보' (좌익)와 '보수' (우익) 간의 타협과 투쟁을 통해 정치를 발전시켜왔다. 대부분의 유럽나라들도 부르주아민주주의혁명 단계를 거쳤고 사회주의운동을 경험했기에 사정은 비슷하다.

그러나 미국의 '진보운동' 은 그 태동기부터 심한 탄압을 받아 전멸되었다. 미국의 자본가계급은 1차 세계대전을 전후해서는 '스파이혐의' 를 덮어씌워 좌익운동의 싹을 짓밟았고, 이후 '매카시즘' 이라는 반공소동을 조작해 '자유주의자' 들까지 싹쓸이했다. 유럽의 경우 대개는 좌익과 우익정당이 모두 존재하는 반면 현재의 미국에는 '공화당' 과 '민주당' 이라는 보수우익 정당만 존재하는 것은 이런 사정 때문이다(이름뿐인 좌익정당들은 있다). 이런 특이하고 후진적인 정치풍토는 미국인들의 '정치적 단련' 을 불가능하게 만들었다.

그 결과 미국인들은 선진국 국민들 중에서 가장 낙후된 정치의식을 가지게 되었다. 따라서 미국인들이, 독립운동 그리고 4 · 19혁명과 6월항쟁 같은 역사를 통해 '정치적으로 단련' 된 한국인들의 잠재력이 표출될 때마다, 놀라움과 두려움이 가득한 눈으로 쳐다보는 것은 당연하다.

② 우민화된 대중

미국인들을 정치적으로 각성시킬 수 있는 '진보운동'은 미국에서 계속 패배해 왔다. 그리고 승리한 미국의 지배세력은 대중을 우민화하기 위해 모든 언론매체들을 폭력, 섹스, 범죄, 스포츠 등으로 가득 채웠다. 대중을 타락시키고 인간에 대한 혐오감을 불러일으키는 것이면 무엇이든 적극 권장되었던 것이다.

'달리와 라타네의 실험'을 찍은 필름을 본 사람들이 '남을 돕는 확률'이 2배 이상 늘어났다는 것을 상기해 보라. 그런데도 왜 미국 심리학자들은 미국인들에게 크게 도움이 될 것이 분명한 '건전한 교육과 문화선전'을 쟁취하기 위해 투쟁하지 않는가.

③ 극대화된 개인이기주의

무제한적인 이윤추구와 사람들 간의 무한경쟁을 기본으로 하는 자본주의는 '개인이기주의'를 극대화시키는 사회제도이다.

봉건제사회에서 사람의 탐욕에는 한계가 명확했다. 지주들의 욕심은 곳간의 크기, 땅의 크기 등에 의해 제한되었기 때문이다. 그러나 자본주의시대에는 그런 제한이 사라진다. 자본가들의 욕심은 은행통장의 숫자, 주식가치로 표시된다. 따라서 무한대의 숫자만큼 욕심도 무한대까지 질주한다.

농업경제를 토대로 했던 봉건제사회에서 농민들은 자기 가족이 먹고 살 농사만 지으면 그만이었다(가혹한 수탈로 인해 그것조차 어려운 일이긴 했지만). 굳이 다른 농민과 죽기 살기로 경쟁을 할 이유는 없었던 것이다. 그러나 모든 것이 상품화된 자본주의사회의 절대다수를 차지하는 무산자(자본가처럼 생산수단을 소유하지 못한 사람들)들은 남을 짓밟아야만 생존할 수 있다(물론 어렵긴 하지만 단결함으로써 세상을 바꾸는 방법도 있긴 하다). 먹을 음식, 입을 옷, 쉴 집, 육아, 교육, 의료 등 모든 것은 돈을 벌어야만 해결된다. 사회에서 낙오되면 그것으로 끝장이며 아무도 자기를 도와주지 않는다. 모두가 다 강박적으로 가혹한 약육강식의 경쟁무대로 떠밀려간다.

여기에 더해 미국처럼 정치의식이 낮고 사회적 약자에 대해 인색한 나라일수록, 사람들은 '희망'을 찾을 수 없기 때문에 점점 더 '개인 이기주의'에 물들어 간다.

④ 3가지 공포

'공포감정'은 미국인들의 무의식 속에 깊이 뿌리를 내리고 있다. 미국인들이 시달리는 세 가지 '공포'는 다음과 같다.

첫째, 정치권력에 대한 공포.
미국인들은 생생한 체험을 통해 너무나 잘 안다. 미국의 지배세력은 어느 정도까지는 진보운동, 사회운동을 용인해 주는 척하지만 그것이 도를 넘어서면 반드시 '살인과 폭력'으로 응징한다는 것을.

그들은 마틴 루터 킹, 말콤 엑스, 심지어 대통령이었던 케네디까지 '암살' 로 쓰러지는 것을 보지 않았는가.

둘째, 죄의식으로 인한 공포.
이제는 삼척동자도 다 알듯이 미국은 나쁜 짓을 참으로 많이 한 나라다. 인디언을 대량 학살했고, 아프리카에서 잘 살고 있던 흑인들을 사냥해와 피땀을 짜냈다. 그리고 지구 곳곳을 누비고 다니면서 전쟁과 약탈을 일삼았다. 나쁜 짓을 많이 한 사람은 필연적으로 '보복' 당할지도 모른다는 '공포' 에 시달리게 되어 있다.

셋째, 범죄에 대한 공포.
미국은 잔인무도한 흉악범죄가 기승을 부리고, 인간성을 상실한 '사이코' 가 양산되고 있는 나라이다. 게다가 '무기산업체' 는 그들의 손에 총까지 쥐어 주고 있다.
이런 조건에서 야심한 밤에 누군가 '살려 달라' 고 외친다고 해서, 그를 돕기 위해 밖으로 뛰어나가는 것은 '자살행위' 일 뿐이다(미국이 공포영화의 메카로 자리잡고 있는 이유가 짐작되지 않는가).
그럼에도 불구하고 미국의 언론과 심리학자들은 비겁하게도, 사회를 푹 썩게 만들어놓은 지배세력이 아니라, 겁에 질린 '38명의 방관자들' 만 비난했다.

한국의 경우에도, 내가 대학에 다닐 때만 해도 요즘과는 사회분위기가 사뭇 달랐다.
버스에 노약자나 어린이가 타면 거의 다 양보를 했고 무거운 짐도 들어 주었다. 어려움에 처한 사람을 보면 도움을 주는 사람도 많았다.

또 사람들은 나쁜 행동을 보면 그냥 지나치지 않는 편이었다. 예를 들어 공공장소에서 연인들이 지나치게 낯 뜨거운 행동을 하거나 젊은이들이 예의 없이 행동하면 어른들에게 꾸중을 듣기 일쑤였다. 그러면 그들은 부끄러워하며 사과를 하거나 조용히 자리를 피했다.

그런데 요즘은 사정이 많이 다르다(한국이 미국의 문화적 식민지로 된 것이 가장 큰 이유일 것이다).

어떤 어른이 지하철에서 음란한 짓을 하던 젊은 연인을 보았다. 주위사람들이 눈치를 주었건만 그들의 '쇼'는 계속되었다. 그 어른은 도저히 참을 수가 없어서 소리를 질렀다.

"야! 너희들, 차라리 여관으로 가!"

정말 다행인 것은 그 젊은이들이 당황해하며 다음 지하철역에서 그냥 내렸다는 점이다. 그분이 집에 돌아와 그 얘기를 하자 자식들이 펄펄 뛰었다.

"아버지! 앞으로는 절대로 그렇게 하지 마세요. 요즘 애들이 얼마나 무서운데요. 아무 일 없었던 걸 천만다행으로 생각하셔야 돼요."

사소한 말다툼 때문에 사람을 죽이기도 하는 사회에 '방관자'가 늘어나는 것은 세상 탓인가? 아니면 여전히 그들만의 잘못인가?

⑤ 미국인의 성격특성

미국의 외향문화는 미국인의 75%가 외향형(E)(Bradway, 1964)이라는 사실과 관련이 있을 것이다. 미국은 유럽에서 이민을 온 사람들이 만든 나라이다. 그런데 유럽인들 중에서, 아무리 살기 힘들다고 해도, 정든 고향을 버리고 신대륙을 향해 떠난 사람들은 대부분 외향형(E)이었을 것이다. 그 결과 미국의 문화는 기본적으로 외향적인 문화가 되었다.(〈성격과 심리학〉, 김태형·전양숙, 새뜰심리상담소, 2007, 41쪽)

여기에 더해 외향형(E)이 내향형(I)보다 실험에 참가할 가능성이 더 많다는 점도 지적하고 싶다. 내향형(I)은 보통 혼자 조용히 일할 수 있는 아르바이트를 더 선호하기 때문이다.

외향형(E)들은 타인의 눈치에 민감하며, 다수의 의견을 좇아가는 경향이 강하다. 외향형(E)에게 있어서 '대중성'은 장점이자 단점이다.

이런 악조건들에도 불구하고, 〈밀그램, 달리와 라타네의 실험〉에 참여한 미국인 중 최소 30% 이상이 올바른 행동을 했다는 사실은, 정말 놀랍고 반가운 일이 아닐 수 없다.

# '오염된 물'과 심리학자

연못의 물이 오염되면 그 안에 사는 물고기도 서서히 기형이 된다. 당연히 오염 정도가 심할수록 기형물고기의 수도 늘어날 것이다.

그렇다면 비난받아야 할 것은 오염된 물인가? 아니면 오염된 물을 이겨내지 못하고 기형이 되어 버린 물고기인가?

일부 심리학자들은 이렇게 말할 것이다.

"맞는 말이다. 그렇지만 모든 물고기가 기형이 되는 것은 아니다. 물이 오염되어도 기형이 되지 않는 물고기도 있다. 심리학은 본질적으로 '사회'를 연구하는 학문이 아니라 '개인차'를 연구하는 학문이다. 그러니 왜 어떤 물고기는 기형이 되는데, 다른 물고기는 기형이 되지 않는지를 연구해야 하지 않겠는가?"

참으로 기발한 책임회피이다.

그렇다면 미국 심리학은 '개인차' 문제만 다룰 것이지 왜 주제넘게 '사람' 일반에 대해 이러쿵저러쿵 하는가?

왜 '개인' 기껏해야 '소그룹'을 실험한 결과를 가지고 함부로 나치수용소나 홀로코스트, 정치운동 같은 사회역사적 문제까지 설명하려 하는가?

　　사실 아무도 '심리학' 에게 '개인차' 만을 연구하라고 강요하지 않았다.

　　심리학은 '오염된 물은 물고기를 기형으로 만든다' 는 엄연한 사실을 인정하고 그것을 연구대상에 반영해야 한다. 또한 '물고기가 기형이 된 것은 환경, 유전자(성격) 간의 상호작용의 결과이다' 라는 식으로 애매모호한 잡탕밥을 만들지 말아야 한다. 그것은 1차적 책임이 있는 오염된 물에게 면죄부를 주는 행위일 뿐이다.

　　수질이 나빠질수록 좋은 '정수기' 가 점점 더 많이 필요해질 것이다. 그러니 정수기회사는 꼭 필요한 존재이다. 그러나 만일 정수기회사가, 정수기를 많이 팔아먹기 위해, 수질오염을 방치하거나 오히려 그것을 조장한다면 어떻게 해야 하는가?

　　심리학자들은 '정수기' 역할에만 안주해서는 안 된다.
　　세상이 썩어갈수록 정신병자는 많아질 것이고 사람들의 기괴한 행동도 늘어날 것이다. 그러면 심리학자들의 몸값도 올라갈 것이다. 과연 그게 바람직한 일일까?

　　지금 심리학자들은, '정수기의 역할을 넘어서 수질오염을 막기 위해 노력할 것인가? 아니면 '자기 밥그릇을 키우기 위해 수질오염을 방치하고 그것을 반길 것인가? 하는 선택의 기로에 서 있다.

　　미국 심리학자들은, '실험실에서 실수를 연발하는 미국인들' 을 조롱하고 비웃기 전에, 미국사회가 미국인들을 계속 병들게 만드는 것을 중지시키기 위해 노력해야 한다. 기형물고기의 병을 치료하는 것과 더불어 정상인 30%의 물고기들이 나머지 기형물고기들과 힘을 합쳐 오염된 물을 정화하게끔 돕는 것이야말로 그들이 할 일이 아니겠는가.

미국 심리학자들은 미국인들을 잠에서 깨어나게 할 수도, 더 깊이 잠들게 할 수도 있다. 아직도 그들이 전자를 선택하지 않고 있는 것은 무엇 때문일까?

뻔뻔하고 교묘한 책임회피인가?

아니면 능력 밖의 일이기 때문인가?

제4장

원숭이의 제자

할 로

어머니의 사랑이란?

1930년대에서 1950년대의 미국 과학자들은, 자녀를 냉정하게 키우라고 부모들에게 권고했다.

스키너 이론은 사람들에게 이렇게 말했다.

'우는 아이를 안아 주지 마라! 왜냐고? 나쁜 행동에 대한 보상이 되니까.'

그러나 '해리 할로(Harry Harlow)의 실험'은 당시의 '양육이론'이 매우 잘못된 것이었음을 보여주었다(물론 그 동안 실험실의 과학자들 덕분에 아이들만 희생되었다).

할로는 어떤 실험을 했을까? 대부분의 심리학 개론서에 나올 정도로 아주 유명한 그의 '애착 심리학'을 살펴보자.

할로는 작고 영리한 붉은털원숭이(인간과 94퍼센트의 유전자를 공유한다)를 대상으로 '사랑'에 대한 실험을 진행했다.

그는 원숭이 새끼들을 어미와 분리시켜 '두 개의 가짜 어미'가 있는 우리에 넣었다(졸지에 생이별을 하게 된 어미와 새끼들의 고통이 어떠했을지는 상상에 맡기겠다). 가짜 어미 중 하나는 '차가운 금속'

으로 만들어졌지만, 강철로 만든 젖꼭지가 달려 있어 그곳을 통해 젖이 흘러나왔다. 또 다른 가짜 어미는 젖이 나오지는 않지만 '폭신폭신한 천'으로 만들어졌다. 그런데 새끼원숭이들은 젖이 나오는 금속으로 만들어진 가짜 어미가 아니라 천을 두른 가짜 어미를 더 선호했다.

할로는 새끼들에게 고문까지 가했다. 그러나 새끼 원숭이들은 고문을 당하면서도 천으로 만든 가짜어미 곁을 떠나려 하지 않았다.

할로는 무릎을 탁 쳤다.

"이럴 수가! 영장류는 먹을 것보다도 부드러운 감촉을 더 좋아하는구나. 게다가 고문을 받으면서도 가짜 천 어미를 떠나려 하지 않다니…. 스키너의 '강화' 이론은 역시 잘못된 것이야!"

그래서 할로는 '스킨십'을 사랑의 핵심요소라고 주장했다.

할로와 연구팀은 '스킨십이 주는 편안함'을 사랑의 본질적인 요소로 파악했다. … 그는 새끼원숭이들이 천 어미를 사랑하고, 천 어미가 자신들의 눈앞에 보이는 한 놀고 이리저리 탐색하며 잘 자랄 수 있음을 보여주었다.(〈스키너의 심리상자 열기〉, 로렌 슬레이터/조증열 역, 에코의 서재, 2005, 128/133~134쪽)

엄청난 발견을 한 할로는 방송에도 출연했고, 각종 언론매체는 그의 이론을 널리 소개했다. 이제야 미국인들은 사랑의 본질에 대해 정확한 이해를 가지게 되었고, 아이들도 제대로 키울 수 있게 된 듯이 보였다.

그러나…,

이듬해가 되자 천 어미 밑에서 자란 원숭이들이 제대로 성장하지 못했음이 발견된 것이다. 할로가 천 어미 밑에서 자란 원숭이들을 골라 놀이와 짝짓기를 시키려고 했을 때 새끼들은 폭력적이고 반사회적인 반응을 보였다. 암컷은 수컷을 공격했고, 제대로 된 성체위가 어떤 것인지 전혀 알지 못했다. 그 중 일부는 몸을 흔들고, 자신을 물어뜯었으며, 팔위에 난 상처를 벌려 털 사이로 시뻘건 피가 솟아나게 하는 등 자폐적 증상을 보이기 시작했다. 감염증도 생기기 시작했다. 천 어미 밑에서 자란 한 원숭이는 자신의 손을 통째로 씹어 먹었다. 할로는 매우 심각한 일이 벌어졌음을 깨달았다.(〈스키너의 심리상자 열기〉, 134~135쪽)

깜짝 놀라긴 했지만, 다행히도 할로는 자기 잘못을 인정했다. 그리고는 대부분의 실험심리학자들처럼, 할로 또한 새로운 실험에 착수했다.

그 결과를 할로의 지도학생이었던, 저명한 영장류 연구자 '렌 로젠블럼' 은 이렇게 말했다.

"이것은 결국 사랑에 작용하는 변수가 세 가지 있다는 것을 의미했지요. 스킨십과 움직임 그리고 놀이요. 우리가 이 세 가지를 모두 제공할 수 있다면 영장류에게 필요한 모든 조건을 충족시킬 수 있습니다. … 매우 놀랍습니다. 신경계가 제대로 작동하기 위해 필요한 것이 이것밖에 안 된다니요."(〈스키너의 심리상자 열기〉, 135쪽)

정말일까?

이젠 정말 어머니의 사랑에 대해 모두 다 알게 된 것일까?

놀랍게도 '할로 팀'은 영장류에게는 '스킨십', '움직임', '놀이'만 있으면, 진짜 어미는 없어도 된다고 쉽게 단정 지었다.

정말로 그 세 가지만 충족되면 엄마는 없어도 되는 걸까?

사랑에 혹시 또 다른 변수가 있다는 것이 발견되면 어떻게 하나?

여러 해가 흘러, 초기 실험 때 가짜 천 어미 밑에서 자란 원숭이들이 성장했다. 하지만 그 원숭이들은 놀지도, 짝짓기도 할 줄 몰랐다. 그것들은 정상이 아니었던 것이다. 그러자 할로는 '강간 침대'를 만들어 암컷들을 강제로 임신하게 만들었고 그 결과 암컷 원숭이 스무 마리가 새끼를 낳았다.

결과는 어땠을까?

강간 침대에서 임신을 당한 어미의 일부는 새끼들을 죽였고, 일부는 냉담한 태도를 보였다. '정상적'으로 행동한 어미는 단지 몇 마리뿐이었다.(〈스키너의 심리상자 열기〉, 138쪽)

어미 없이 자란 새끼들은 성장한 뒤에 새끼를 낳더라도 제대로 돌보지 못했다. 즉 어머니의 사랑 없이 자란 새끼들은 나중에 부모구실을 하지 못하게 되었던 것이다.

좀 허무하지 않은가?

'영장류에게는 어머니의 사랑이 필요하다'는 것을 알아내기 위해 할로는 막대한 돈을 들여 실험을 진행했고 그리도 많은 원숭이들을 희생시켰던 것이다.

 원숭이의 제자들

　　스키너의 이론에 근거해 아이들을 냉정하게 훈육했던 것이나, 할로의 이론에 따라 아이들을 어루만지며 키우는 것이나 본질은 같다. 즉 그것은 모두 '동물실험'을 통해 나온 이론에 따라 '사람을 키운 것'이기 때문이다. 이런 점에서 사람들은, 아이양육 방법을 과학이라는 이름 아래, 동물로부터 배웠던 셈이다.

　　〈스키너의 심리상자 열기〉의 저자 로렌 슬레이터도 동물실험의 결과를 사람에게 그대로 적용하는 것이 위험함을 알고 있는 듯하다.

　　1950년대에 탈리도마이드가 동물 실험에 쓰였을 때는 기형아 발생 효과가 전혀 나타나지 않았다. 하지만 그것을 사람이 복용했을 때 심각한 결함을 가진 기형아가 태어났다. … 여기서 밝혀지는 것은 원숭이가 우리 인간과 흡사한 점이 많다 하더라도 인간 복사본이 될 수는 없다는 것이다.(〈스키너의 심리상자 열기〉, 140쪽)

　　그러나 나는, '원숭이가 인간 복사본이 될 수는 없다'는 식의 소극적인 태도를 넘어서야 한다고 생각한다.

우선 실험실에 갇힌 원숭이, 게다가 어미와 강제로 헤어진 새끼는 분명히 '제 정신'이 아닐 것임을 기억해야 한다. 사람의 눈으로 관찰해 별다른 이상이 없다고 해서 섣불리 '정상'이라고 판단하는 것이 얼마나 위험한 것인지는 할로의 실험이 너무나 잘 보여주고 있다. 따라서 실험실 동물로부터 나온 결과는 원칙적으로 야생 원숭이, 나아가 사람에게 그대로 적용될 수 없다(여기에 대해서는 제1장에서 다루었다).

또한 사람은 원숭이와는 질적으로 다른 '사회적 존재'이다.
설사 원숭이의 '사랑'에 대해 완벽하게 알게 된다고 해도, 그것은 사람에게는 그리 큰 도움이 안 될 것이다. 사람에게 있어서 '사랑'은 본능의 울타리를 넘어 사회역사적으로 진화해 왔기 때문이다. 따라서 심리학자들은 '원숭이와 사람은 질적으로 다르다'는 적극적인 태도에 근거해 동물실험을 바라봐야 한다.

지구상에 존재하는 동물 중에서 사람은 가장 긴 양육기간을 필요로 한다. … 사람이 이렇게 긴 양육기간을 필요로 하는 것은 사람이 사회적 존재이기 때문이다. 동물은 사회적 존재가 아니기 때문에 태어난 뒤 육체적 생존능력이 생기면 곧바로 자립할 수 있다. 노루는 맹수를 피해서 달리고 풀을 뜯어먹을 수 있는 능력을 가지게 되면 자립하게 되고 호랑이는 독자적으로 사냥을 할 수 있는 능력을 가지게 되면 바로 자립한다. 그러나 사람은 먹을 것을 채취하거나 사냥을 할 수 있는 육체적 생존능력이 갖춰진다고 해서 바로 자립할 수는 없다. 사람에게는 육체적 생존능력보다 사회적 생존능력이 더 중요하기 때문이다. 사회적 생존능력은 육체적 생존능력보다 질적으로 더 높은 생존능력이기 때문에 이를 갖추려면 긴 시간을 필요로 한다.(《부모-나 관계의 비밀》, 김태형 · 전양숙, 새뜰심리상담소, 2005, 21~22쪽)

동물실험을 통해 밝혀진 이론들을 양육과정에 곧바로 적용하는 것은 정말 위험하고 어리석은 일이다.

스키너의 이론 때문에 '보상과 처벌'을 통해 동물처럼 훈련받으며 자라난 아이, 할로의 초기이론 때문에 스킨십만 잔뜩 당하며 자란 아이의 미래는 누가 책임질 것인가? 스키너의 흰 쥐 혹은 할로의 붉은 털원숭이에게 손해배상을 청구해야 하나?

미국사회는 '사람과 동물은 거의 차이가 없다'고 굳게 믿는 동물심리학자들의 장단에 맞춰 이리저리 춤을 춰왔다. 그래서 그들의 이론과 그것을 멋지게 포장해 전달하는 언론을 곧이곧대로 믿은 대가로 일반인들만, 돈으로 계산할 수 없는, 막대한 손해를 보았다.

물론 여기에 한술 더 뜨는 것이 한국이다.

미국에서 한물 간 양육이론은 항상 뒤늦게 한국에서 유행을 탄다(미국의사들이 신생아를 산모와 함께 두기 시작한 뒤, 긴 시간이 흐른 뒤에야 비로소 한국은 그것을 따라 하기 시작했다).

사대주의 학자들이 미국으로부터 새로운 이론을 수입해 올 때까지 맹위를 떨치며….

사람을 이해하기 위해 원숭이로부터 가르침을 구하는 미국의 '원

숭이 제자'들, 그리고 그 원숭이의 제자를 모방하기에 바쁜 한국의 일
부 심리학자들….

결국 피해를 보는 것은 역시 죄 없는 보통사람들뿐이다.

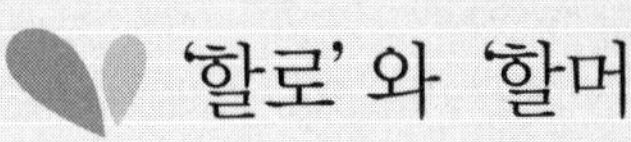

물론 할로의 이론이 전혀 무의미한 것은 아니다.

저명한 소아과 의사 윌리엄 시어스가 자녀들을 키울 때 애착을 강조하
고, 부모들로 하여금 언제나 아이와 가까이 지내게 하고, 함께 잠을 자
라고 주장한 것도 모두 할로가 만들어낸 산물이었다. … 산부인과 의사
들이 갓 태어난 아기를 산모의 배 위에 바로 올려두는 방법을 터득한 것
도 부분적으로는 할로의 덕택이었다. 뿐만 아니라 고아원 관계자들은
아이들에게 젖병을 물려주는 것만으로 충분하지 않다는 것을 알게 되
었다. 버려진 아이들을 안아 주고 흔들어 주고 봐주고 웃어 줄 필요가
있었다. 우리는 애착을 연구한 할로와 그의 동료들 덕택에 인간이 되었
다.(〈스키너의 심리상자 열기〉, 136~137쪽)

그런데 할로의 주장들을 어디선가 많이 들어본 것 같지 않은가?

　명문대학 심리학과에 입학한 손자가 방학이 되어 할머니를 만나러 왔다.

　손자 : 할머니, 제가 학교에서 정말 중요한 것을 배웠어요.
　할머니 : 그래? 뭔데?
　손자 : 처음에 아기가 태어나면, 신생아를 엄마하고 같이 두는 것이 더 좋대요.
　할머니 : 그야 당연한 말이 아니냐. 요즘 병원에서는 갓 태어난 아기들을 엄마한테 떼어내서 유리방 같은데 따로 놓아둔다고 하더라만…. 그게 어디 에미가 돼서 할 짓이냐? 우리 조상님들은 다 아기가 태어나면 옆에 꼭 끼고 있었어.
　손자 : 그래요? 아! 그리고요. 애들을 키울 때, 많이 껴안아 주고 만져 줘야 된대요.
　할머니: 너는 어째 하나마나한 소리만 하는구나. 네 놈이 어릴 때, 너는 하루 종일 내 등에 업혀 지냈느니라. 밤에 잘 땐, 이 할미 젖가슴을 조물락거리며 잠들었고…. 초등학교 들어가서도 한동안 그랬지 않느냐.
　손자 : 아! 그렇지요. 그리고요 제일 중요한 것은요. 어릴 때, 엄마 없이 자란 아이들은 나중에 커서 엄마 역할을 제대로 못할 가능성이 많대요.
　할머니 : 뭐라구? 그건 또 무슨 귀신 씨나락 까먹는 소리냐. 엄마가 없으면 아빠나 할아버지, 할머니가 잘 키우면 되지. 엄마 없이 큰 애들도 나중에 애 잘 낳고 잘만 살더라. 도대체 누가 그딴 것들을 가르친단 말이냐?
　손자 : 할로라는 미국 사람인데요. 원숭이를 연구한 결과래요.

할머니 : 뭐야! 그럼 여태까지 네 놈이 한 말들이 다 원숭이 얘기였
냐? 정말 한심하구나. 그 비싼 등록금을 내면서 사람이 아니라 원숭이
얘기나 배우다니. 애야. 그런 거는 차라리 이 할머니한테 배워라. 알겠
냐?

아이들을 감옥같이 생긴 유아용 침대에다 키우는 미국에서, 할로
의 주장은 큰 파장을 불러일으켰을지 모른다. 그러나 비록 원숭이를
가지고 실험은 하지 않았지만, 한국의 어머니들은 오래 전부터 아이를
품안에 낀 채 잠을 잤고, 등에 업고 다니며 어루만져왔다. 소위 '스킨
십' 을 아주 많이 해왔던 것이다.
　그러나 우리 선조들은 단지 스킨십만 강조하지는 않았다. 아이들
을 바르고 정직하게 키우는 것을 더 중요시했다. 그렇기 때문에 자식
이 잘못하면 부모를 욕했던 것이다.
　이런 조상님들의 지혜와 문화전통을 뒤로 한 채, 미국의 양육이론
을 무비판적으로 추종하는 것이 과연 옳은 일일까?

우리에게는, '너무 짜다' 거나 '고상하지 못한 냄새가 난다' 고 하
면서 김치를 배척하고 우아한 서양 식단을 숭배하던 시절이 있었다(요
즘도 TV 드라마에 등장하는 사람들은 대부분 칼과 포크를 들고 고기
를 자르고 있지만). 그러다가 '김치' 의 효능이 실험데이터로 증명되기
시작(아직 그 효능은 일부만 밝혀졌을 뿐이다)하고 외국인들까지 김
치의 우수성을 인정하자 한국사회도 호들갑을 떨며 김치를 찬양하기
시작했다. 그러나 '김치' 는 실험데이터로 증명되어야만 좋은 음식으
로 되는 것이 아니다. 김치는 예나 지금이나 좋은 음식인 것이다.

사실 김치는 장구한 기간에 걸친 '실험'을 통해 좋은 음식임이 입증되어 왔다. 고춧가루를 넣은 김치만 해도, 조선시대 이후 오늘날까지 우리 민족이 자발적인 인체실험을 통해 그 우수성을 이미 입증하지 않았는가?

동물심리학자들이 원숭이한테 김치를 먹여 그 효능을 실험해보겠다고 하면 굳이 말릴 생각은 없다. 또한 그 결과를 적절한 범위 안에서는 참조할 수도 있을 것이다.

그러나 만일 붉은털원숭이가 김치를 먹고는 매워서 이리 뛰고 저리 뛰다가 죽어버린다 하더라도 김치를 포기할 필요는 없다. 똑같은 김치를 먹은 오랑우탄은 장수할지도 모르지 않는가?

'사회'의 역사인 민족사, 인류사 그리고 사람이 창조한 학문과 문화예술 등은 사람에 대한 정보를 너무나 많이 그리고 풍부하게 담고 있다. 이런 것들을 실험이 불가능하다고 해서 무시해 버리고 계속 원숭이한테 매달려 있어서는 안 된다.

사람에 대해 가장 잘 가르쳐 주는 것은 바로 '사람'이지 원숭이가 아니기 때문이다.

동물심리학자가 뭐라고 주장하든, 선택은 우리의 몫이다.
'할로'로부터 배우겠는가?
아니면 '할머니'로부터 배우겠는가?

우울증 환자, 할로

할로는 실패한 발명가 아버지와 고집 세고 차가운 어머니 사이에서 태어났다.

어린 시절, 학교에 제대로 적응하지 못했던 점 등으로 미루어 보아 그는 자기 부모와의 관계가 좋지 않았던 것 같다.

해리는 열 살 때부터 시간이 날 때마다 그림을 그렸다. … 야주(Yazoo)라는 이름의 희한하고 아름다운 나라를 그렸다. 그는 날개달린 짐승과 뿔이 달린 야수를 땅 위에 잔뜩 그렸다. … 그가 그림을 완성했을 때는 날카로운 검은 선으로 야수들을 둘로, 넷으로 절개했다. 결국 생체 해부가 된 동물들은 피투성이가 되어 스케치북 위에 드러눕는 신세가 되었다.(〈스키너의 심리상자 열기〉, 122~123쪽)

아마 요즘 같으면, 할로는 당장에 정신과 치료를 받도록 요구받았을 것이다. 그림의 내용은 할로의 가슴속에 '분노감정'이 부글부글 끓어오르고 있음을 보여주고 있기 때문이다.

스탠퍼드 대학에서 대학과 대학원 생활을 마친 할로는 언어 장애(혀 짧은 발음) 때문에 사람들 앞에서 이야기하는 것을 아주 부끄러워했다. 이런 할로를 친구들이 따돌리고 놀려댔다면, 또 그가 과학연구에 흥미를 가지지 않았다면 그는 '조승희'처럼 됐을지도 모른다. 그러나 발명가 아버지 때문인지, 다행히도 할로는 자기의 분노감정을 연구에 쏟아 부었다.

그러나 아무리 연구에 몰두한다고 해도, 부모로부터 받은 상처는 자동적으로 아물지 않는다. 어머니 관계가 나쁜 대다수의 아들이 그렇듯이 할로 또한 '배우자 관계'가 순탄치 못했다.

할로는 클라라 미어스와 결혼한 후 바람을 피웠다. 그 사건으로 첫 번째 부인과 이혼하고 동료 심리학자 마거릿 쿠엔과 재혼했지만, 그녀 또한 1970년에 세상을 떠났다. 아마도 할로는 두 번째 부인에게 아주 심하게 의존했던 것 같다. 그래서 이미 심한 음주습관을 가지고 있었던 할로는, 쿠엔이 죽자 무기력한 상태에 빠져들었고, 그 해 3월에는 미네소타 주의 한 진료소에서 여러 차례 전기충격 요법까지 받게 되었을 정도로 상태가 급격히 나빠졌다.

이런 사실들을 종합해 보면, 할로가 어째서 그렇게도 '잔인한 동물실험'(슬픔으로 울부짖는 어린 새끼들을 어미와 떼어놓고 암컷들을 강간침대에 묶어 강제로 임신시키는 등)을 계속할 수 있었고, '사랑'이라는 연구주제에 집착했는지 짐작이 된다.

그는 자기의 분노감정을 원숭이들에게 잔인하게 투사했고, 어린 시절 제대로 받아보지 못했던 어머니로부터의 '사랑'에 매달렸던 것이다.

청년기를 잘 버틴다고 해도, 자기의 심리적 문제를 해결하지 못하면 중년기 이후 맥없이 무너져 내릴 수 있다. 할로 또한 원숭이를 실험하는 데 집중하느라 자기 문제를 돌보지 않았기에 심한 우울증에 시달렸다.

> 바깥에 나가서는 모든 사람들에게 인정받고 칭찬받지만 부모님으로부터 지지받고 격려받지 못한 사람의 인생은 중년기를 넘기지 못하고 하강곡선을 그릴 것이다. 이런 사람들은 세상을 살아갈 마음의 힘을 좀처럼 갖기 힘들다.(〈부모-나 관계의 비밀〉, 73쪽)

할로는 1958년, 미국 심리학회 회장으로 선출되었고 사람들로부터도 인정받았지만 이미 부와 명예 따위는 그에게 아무런 소용이 없었다.

어머니에게 화가 많이 나 있던 할로는 부인들에게 화를 내면서도, 동시에 그녀들이 어머니를 대신해 자기를 따뜻하게 사랑해주기를 처절히 갈망했을 것이다. 이런 그에게, 어머니를 대신하는 존재였던 둘째 부인 '쿠엔'의 죽음은 너무나 큰 치명상을 안겨주었을 것으로 생각된다.

여기에 더해 원숭이에 대한 잔인한 실험은, 할로의 뇌를 '죄의식'으로 인한 고통으로 심하게 옥죄어 왔다.

> 그가 아무리 원숭이와 동물들을 싫어했어도 동물 실험의 본질적 문제로 그 또한 괴로워했다고 그의 지도 학생들은 전한다. 시간이 흐르고 음주가 과해지면서 무엇인가가 그를 괴롭힌 것이 틀림없었다.(〈스키너의 심리상자 열기〉, 142쪽)

어머니를 대신했던 두 번째 부인을 잃고 절망에 빠진 할로는, 새로운 어머니가 필요했기에 첫 번째 부인인 클라라 미어스와 재결합했다. 그러나 그의 정신과 몸은 이미 돌이킬 수 없는 상태에 이르러 있었다. 그는 결국 파킨슨병으로 죽었다.

수많은 원숭이들을 미치게 만들었던 할로는, 끝내 '어머니 따위는 필요 없다'는 것을 증명하지 못했고, 어머니의 따뜻한 사랑을 받아보지도 못한 채 쓸쓸하게 죽었다.

할로가 자기 '분노감정'의 정체를 직시하고, 어머니를 극복했더라면 어땠을까?

그가 원숭이가 아니라 사람을 연구했다면 어땠을까?

그랬다면 자기 상처를 극복하고 '사랑의 본질'에 좀더 가깝게 다가갈 수 있지 않았을까.

마음의 상처가 깊은 이론가라고 해서 반드시 잘못된 이론을 만들어내는 것은 아닐 것이다. 그러나 그것을 심리적으로 건강한 학자가 만들어내는 '건강한 이론'에야 비기겠는가?

제5장

인지 부조화에 직면한
페스팅거

 인지 부조화 이론

레온 페스팅거(Leon Festinger)의 그 유명한 '인지 부조화 이론'은 광신도 연구로부터 시작되었다.

페스팅거와 동료들은 '사난다' 라는 신을 믿는 종말론 사이비종교 집단에 잠입했는데, 그 광신도들은 12월 21일에 지구는 대홍수로 멸망하게 되며 우주선이 와서 자기들을 구원해 줄 것이라고 굳게 믿고 있었다. 그들은 12월 21일을 맞이하기 위해 한 신도의 집에 모여들었다. 그러나 12월 21일이 되었지만, 아무 일도 일어나지 않았다.

그런데 재미있는 것은 예언이 빗나갔을 때, 그들이 보여준 극적인 태도변화였다. 광신도들은 처음에는 충격을 받아 울거나 소파 위에 드러누워 멍하게 하늘을 바라보기도 했다. 그러나 시간이 흐르자 그들의 태도는 180도 바뀌기 시작했다. 광신도들은 갑자기 명랑해져서 기자들과 언론을 초대했고, '우리 신자들이 너무나 많은 빛을 퍼뜨려 신께서 계획을 바꿨다' 고 거짓말을 해댔다.

페스팅거는 아마도 이 광신도 집단을 보면서 '자기 신념과 반대되는 진실을 대면하게 되면, 사람은 자기 합리화를 하는 구나' 라고 생각했을 것이다.

우리는 페스팅거의 이론이 광신자 집단에 대한 연구로부터 출발

했다는 사실에 주목해야 한다. 왜냐하면 바로 그 점 때문에 '인지 부조화 이론'이 오류에 빠지게 되었을지도 모르기 때문이다.

어쨌든 페스팅거는, 본격적으로 실험에 착수했다.

페스팅거와 그의 동료들은 광신도 연구 이후에 다양한 차원에서 인지 부조화의 사례를 찾아보기 시작했다. 한 실험에서는 거짓말을 하는 대가로 어떤 사람에게는 20달러를, 어떤 사람에게는 1달러를 주었다. 그 결과는 1달러에 거짓말을 한 사람이 20달러에 거짓말을 한 사람보다 거짓말을 진실이라고 주장하는 경향이 훨씬 강하다는 것이었다. 이유가 무엇이었을까? 페스팅거는 그들이 고작 1달러로 거짓말을 하는 자신의 행동을 정당화시키기 힘들기 때문이라는 가설을 세웠다. … 20달러를 받은 사람은 자신의 믿음을 바꾸려들지 않았다. 그들은 "맞아. 난 거짓말을 했어. 나는 내가 한 말을 한 마디도 믿지 않아. 돈을 많이 받았으니까."라고 이야기했다.(《스키너의 심리상자 열기》, 로렌 슬레이터/조중열 역, 에코의 서재, 2005, 154~155쪽)

간단히 정리하자면 겨우 1달러를 받고 거짓말을 한 사람은 쪽팔리니까 거짓말을 진실이라고 주장했지만, 20달러에 거짓말을 한 사람은 '거짓말을 할 만한 충분한 이유'가 있다고 생각했기 때문에 자기 신념을 바꾸지 않았다는 것이다.

사실, 20달러라는 큰돈을 받았기 때문에 '거짓말하는 것이 문제될 것이 없다'고 말하는 미국인들의 사고방식도 정말 한심하다. 큰돈이면 양심도 팔 수 있다고 생각하는 것이 전형적인 자본주의적 인간의 모습이기는 하지만….

미국 심리학계가
'인지 부조화 이론'에 열광한 이유

실험까지 한 페스팅거는 1957년에 〈인지 부조화 이론〉(A Theory of Cognitive Dissonance)을 발표했다. 페스팅거의 제자 '엘리엇 애론슨'의 말을 빌리자면, 그의 이론은 미국 심리학계를 '폭풍처럼 강타'했다.

왜 그랬을까? 왜 미국 심리학계는 '인지 부조화 이론'에 열광했을까?

그것은 첫째, '인지 부조화 이론'이 동물에게 빼앗긴 심리학을 사람에게로 다시 찾아오는 구세주로 보였기 때문이다.

〈제1장 '스키너' 편〉에서도 언급했듯이, 행동주의는 'S(자극) ⇒ 사람(혹은 동물) ⇒ R(반응)'이란 도식에서 S, R에만 집중한다. 사람(혹은 동물)의 머리와 몸속에서 무슨 일이 일어나는지에 대해서는 별다른 관심이 없는 것이다.

그런데 페스팅거의 이론은 '사람'의 머릿속에서 일어나는 지적 현상에 관심을 기울였다. 드디어 심리학이 '사람 그 자체'에 대한 연구로 발을 옮기기 시작한 것이다. 따라서 사람의 지적 능력에는 도무지 관심이 없고, 동물실험이나 하고 있는 '행동주의'에 염증을 느끼기 시작했던 심리학자들은 모두 자리에서 일어나 박수를 쳤다.

페스팅거는 실험을 통해 행동주의의 잘못을 보여주었고 이렇게 선언했다.

> "실제로 인간의 행동은 보상 이론에 의해서만 설명될 수 없다. 인간은 생각을 하기 때문이다! 우리는 스스로의 위선을 정당화하기 위해 대단히 놀라운 정신적 활동을 한다." (〈스키너의 심리상자 열기〉, 157쪽)

인간은 동물과는 다르며, '정신적 활동을 하는 존재' 라는 상식을 되찾아오는 데, 인간혐오자 페스팅거가 지대한 공헌을 했다는 점이 참으로 아이러니하지만, 어쩌겠는가. 참아야지….

미국 심리학계가 '인지 부조화 이론' 을 환영했던 것은 둘째로, 그것이 '병든 미국인' 과 '미국의 치부' 를 설명해 줄 수 있었기 때문이다.

나는 제3장에서, 미국인의 심리를 논할 때에는 다음과 같은 '미국 사회의 문제점' 을 반드시 고려해야 한다고 지적한 바 있다.

- 극우보수화된 미국정치(낙후된 정치의식)
- 우민화된 대중
- 극대화된 개인이기주의
- 3가지 공포(정치권력에 대한 공포, 죄의식으로 인한 공포, 범죄에 대한 공포)
- 미국인의 성격특성(외향형(E)이 75% 이상) : 타인의 평가나 체면을 중시한다.

병적인 미국사회에서 망가지고 부서진 '병든 미국인' 들, 그들이 보여주는 '자기 합리화' 와 '거짓말' 의 메커니즘을 '인지 부조화 이론' 은 멋지게 설명해 준다.

또한 '인지 부조화 이론' 은 '미국의 치부' 를 교묘하게 합리화할 수 있는 무기를 제공해 주었다.
〈스키너의 심리상자 열기〉의 저자, '로렌 슬레이터' 가 미국의 치부를 가리기 위해 시도하는 '억지 해석' 을 한번 보자.

인지 부조화 이론은 한국전쟁 발발 당시 중국인들이 미국인 포로들을 어떻게 그토록 효과적으로 공산주의로 전향시켰는가에 관한 놀라운 사실을 설명해 주었다. 당시 중국인들은 미국인 포로에게 반미적인 글을 쓰도록 하기 위해 가혹한 고문이나 화려한 뇌물을 제공하지 않았다. 그들이 준 것은 쌀 조금이나 사탕 몇 개가 전부였다. 글을 쓰고 상을 받은 수많은 미군들은 나중에 공산주의로 전향을 했다.(〈스키너의 심리상자 열기〉, 155~156쪽)

이런 사례들은 '베트남전' 에서도 나왔다. 어쨌든 '자유를 수호하기 위해 파견된 전사' 들인 미군이 공산주의자로 전향을 했다는 것은 미국 입장에서 볼 때, 여간 창피한 일이 아닐 수 없다. 그러나 로렌 슬레이터는 미군의 행동을 '인지 부조화 이론' 에 억지로 끼워 넣어 아전인수 식으로 해석하기 전에, '한국전' 이나 '베트남전' 에 참전한 미군 병사들의 처지와 심리상태를 먼저 고려했어야 한다.

두 전쟁에서 미군 병사들은 이유가 무엇이든 간에 머나먼 낯선 땅에서 공포에 질려 있는 이민족 백성들의 눈을 보면서 개인적으로 아무런 원한도 없는 적들을 죽여야 했다. 또한 미군은 무지막지한 폭격으로 땅 위에 존재하는 모든 문명을 잿더미로 만들었고 곳곳에서 수많은 양민을 학살했다. '한국전쟁'에서도 미군은 '노근리', '황해도 신천'을 비롯한 많은 곳에서 죄 없는 양민을 학살했음이 계속 밝혀지고 있다(피카소는 한국전쟁에서 벌어진 미군의 양민학살을 고발하는 그림을 그리기도 했다).

전쟁이 장기화되면서 미군 병사들은 '도대체 우리가 왜 이 낯선 곳에서 피를 흘리고 있는가?', '왜 다른 민족의 일에 외부인인 우리가 끼어들었는가?', '아무리 그래도 이렇게 양민까지 학살해야 되는가?' 등의 고민을 하게 되었을 것이다. 따라서 포로가 된 미군 중 상당수는 전쟁에 회의를 느끼고, '사회주의 이념'을 접하면서 진심으로 전향(나중에 다시 전향을 했을지라도)했을 가능성이 많다. 왜냐하면 적어도 사회주의 이념은 기독교나 불교 같은 종교가 말하는 '천국'을 지상에 건설하자는 주장을 담고 있기 때문이다.

그렇다면 미군의 전향은 본의에 의해 자기 신념을 바꾼 행동이었는가, 아니면 인지 부조화를 해결하기 위한 자기 합리화 행위에 불과했는가? 아무래도 전자가 더 설득력이 있음을 부인하기 힘들 것이다.

미국 주류사회는 전통적으로 '미국의 치부'를 인정하지도, 그것에 대해서 반성하지도 않고 있다. 그러니 미국에게 불리한 것들은 어떻게든 그럴싸하게 포장하고 '합리화'해야 한다. 이런 목적에 '인지 부조화 이론'은 멋들어지게 사용될 수 있었다.

 # '자기 합리화'와 미국인

페스팅거는 사람을 결코 긍정적인 시선으로 바라보지 않았다.

그에 의하면 사람이란 지극히 불합리하고 위선적인, 종잡을 수 없는 존재이다.

의도적이었는지 아니면 실수에 의한 것이었는지는 모르겠지만, 페스팅거는 대부분의 사람이 '자기 합리화' 메커니즘을 사용한다고 생각했다.

우리는 평생 자신의 믿음과 일치되는 정보에만 관심을 기울이고, 주변에 자신의 믿음을 지지하는 사람들만 두며, 자신이 이미 저질러놓은 것을 의심케 하는 모순된 정보는 무시해 버린다.(《스키너의 심리상자 열기》, 161~162쪽)

이러한 주장을 인정한다는 것은 곧 '대다수의 사람은 독단에 빠진 광신도이다'라고 선언하는 것과 같다.

'사람'에게 흠집을 내기 위한 미국 심리학자들의 끈질긴 노력은 어제 오늘의 일이 아니다. 그들은, 때로는 동물을 이용하고 때로는 인지과정을 이용하면서, 일관되게 인간의 존엄성에 대한 불신과 인간 본성에 대한 혐오를 부추긴다. 이를 위해 그들은 각종 실험을 통해 '인간은 완전하지 않다' 는 진리를 반복적으로 증명했다고 선언한다.

사실, 이런 '전체가 아니면 제로' 라는 식의 논리는 극히 유치한 것이지만, 그래도 사람들은 자꾸 주눅이 든다. 왜냐하면 그들이 계속 목소리를 높여 '실험으로 증명했다' 고 외치기 때문이다.

심리학자들 중에, '사람' 을 완전무결한 존재라고 말하는 사람은 아마도 없을 것이다. 나 또한 사람이 불완전한 존재라고 생각한다. 하지만 '사람은 완전무결한 존재가 아니다' 라는 명제가 '사람은 쪼다이다' 라는 명제와 같은 것이 될 수는 없지 않은가.

페스팅거는 학자로서 충분히 의심해 볼 만했음에도 불구하고, '자기 합리화' 가 미국인들에게 특유한 것인지 아니면 모든 인류에게 보편적인 것인지는 연구하지 않았다.

이런 연구를 진행한 사람은 캘리포니아 대학의 심리학과와 사회심리학과 조교수인 '매튜 리버먼' 이다.

페스팅거가 사람들에게 1달러와 20달러를 주고 거짓말을 하게 한 실험들을 동아시아인들에게 했을 때, 아시아인이 미국인보다 합리화를 훨씬 더 적게 한다는 사실을 발견했다.(〈스키너의 심리상자 열기〉, 170쪽)

이 실험결과는 페스팅거의 '인간 혐오증' 이 본질에 있어서, '미국인 혐오증' 에 불과하다는 것을 말해 준다.

이제 질문이 다음과 같이 바뀌어야 할 때가 되었다.
'왜 미국인들은 유난히 자기 합리화를 심하게 하는가?'

'왜 미국인들은 그리도 추해졌는가?

이런 질문에 대답하기 위해서, 미국의 심리학자들은 '추한 미국인' (어글리 아메리칸)의 탄생 비밀을 파헤치기 위해 열심히 연구해야 할 것이다.

 병든 인격과 '자기 합리화'

'인지 부조화' 가 생길 때, 왜 어떤 사람은 '자기 합리화' 를 하고, 다른 사람은 신념을 바꿀까?

자기 아버지의 키가 세상에서 제일 크다고 굳게 믿던 어떤 아이가 있었다. 아버지의 키는 185센티미터였기 때문에 그 아이는 자기 아버지보다 더 큰 사람을 본 적이 없었다.

그러던 어느 날, 여행을 가던 중 고속도로 휴게소에 들른 아이는 놀라운 눈으로 앞을 뚫어지게 바라보았다.

주차장에는 '프로농구단 마크' 가 새겨진 버스가 서있었는데 그 버스에서 하나 둘씩 농구선수들이 내리고 있었기 때문이다.

아이는 입을 쩍 벌리고 그들이 내리는 광경을 지켜보며, 마음속으로 숫자를 세기 시작했다.

'하나, 둘, 셋, 넷, 다섯⋯.'

아이는 비명을 질렀다.

'앗! 아버지보다 더 큰 사람들이 저렇게 많다니⋯.'

아이의 머릿속에서는 '인지 부조화'가 일어났다.

'아버지의 키가 세상에서 제일 크다'라는 신념과 '아버지보다 더 큰 사람도 있다'는 신념이 부조화(갈등)를 일으킨 것이다.

아이의 반응은 다음과 같이 몇 가지로 나타날 수 있을 것이다(아이가 착각하는 경우는 배제한다. 착각은 대부분 '인지 부조화'를 해결할지언정 그것을 야기하지는 않기 때문이다).

① "아빠보다 더 큰 사람들도 있네요!" : 새로운 사실을 인정하고 배운다

정상적인 아이가 보여야 할 당연한 반응이다.

사람은 태어나서 죽을 때까지 내내 '인지 부조화'를 통해 지식을 축적한다. 새로운 지식의 축적이란 거의 다 크건 작건 '인지 부조화'를 동반하게 마련이다. 따라서 건강한 인격에게 있어서, '인지 부조화'란 진리를 향해 가는 중요한 과정인 것이다.

② **"그래도 저 사람들보다 아빠가 큰 것 같아요." : 의도적으로 거짓말을 한다**

아이가 의도적으로 거짓말을 한 이유는 '아빠에게 잘 보이기 위해서'이거나 '자기의 굳은 신념이 무너지는 것을 정서적으로 견디기 힘들어서'일 것이다.

어떤 것이든 간에 아이의 정신적 건강은 좋지 않다고 봐야 한다. 왜냐하면 아빠에게 잘 보이려고 거짓말까지 하는 것은 '애정결핍'이 심하다는 것을 의미하고, 자기의 기존 믿음에 정서적으로 집착하는 것은 불안한 '자기방어적 태도'이기 때문이다.

이런 아이들은 적절한 치료적 조치를 통해 자기의 정서문제를 해결해야 한다.

③ **"뭐야! 저 사람들 모두 아빠보다 작네." : 무의식적으로 사실을 왜곡한다**

이 아이는 심각한 상태에 있다. 즉각 심리치료를 받게 해야 한다.

정서적인 이유로 의도적인 거짓말을 하는 것이 차라리 낫다. 만일 의도적인 거짓말(그래도 제정신이 있는 경우)이 아니라 '사실 왜곡'을 습관적으로 하게 되면, 시간이 지남에 따라 아이의 인지 과정이 파탄날 수도 있기 때문이다.

이런 아이는 그냥 방치해 두면 정상적인 학습이나 사회생활이 불가능해질 것이므로, '광신도'가 되거나 '정신분열증 환자'가 되어 세상을 살아갈지도 모른다.

과연 미국인들은 어디에 해당될까?

많은 미국인들이 '자기 합리화'를 한다는 것이 실험을 통해 밝혀졌으니, 첫 번째 경우는 아닐 것이다.

그렇다면 미국인들은 인지 부조화 상황에서 '의도적인 거짓말'을 하는 것일까? 아니면 '인지 왜곡'을 하는 것일까?

부디 전자이길 바란다. 만일 후자라면 절대다수의 미국인들은 정신병원에 입원해야 할 것이기 때문이다(그들을 모두 다 정신병원에 수용한다는 것은 불가능하니까 미국 자체가 정신병동이 되겠지만).

건강한 인격체는 '인지 부조화' 상황에서 '자기 합리화'를 하지 않으며 오히려 진리를 깨우친다. 한 수 배우는 것이다.

건강하지 못한 인격체는 인지적 갈등을 '의도적인 거짓말'을 함으로써 모면하려고 한다. 창피를 당하는 것보다는 거짓말을 하는 게 낫다고 생각하니까….

미친 사람은 '인지 부조화'를 견디지 못해 인지내용을 왜곡시킨다.

위의 사실들을 고려해 보면, 사람들로 하여금 '자기 합리화'를 하게끔 하는 것은 순수한 '인지적 갈등'이 아니라 '정서적 문제'임을 알 수 있다.

예를 들어 앞의 경우처럼 어떤 사람이 1달러를 받고 '태양은 서쪽에서 뜬다'라는 거짓말을 했다고 치자. 페스팅거는 갈등이 인지영역 혹은 인지와 행동 사이에서 일어난다고 생각했지만 그것은 사실이 아니다. 사람들이 '자기 합리화'를 하는 것은 그것이 정서적으로 견디기 힘들기 때문이다. 즉 '고작 1달러에 거짓말을 한 행위'로 인한 부끄러움, ‘체면유지욕구’ 가 자기 합리화를 낳는 것이다.

만일 정서문제가 개입되지 않는다면, ‘태양은 서쪽에서 뜬다’ 고 믿던 사람이 ‘태양은 동쪽에서 뜬다’ 는 걸 알게 되었다고 해서 ‘자기 합리화’ 를 하지는 않을 것이다. “그래? 여태까지 잘못 알았네.”라고 말하며 자기 생각을 수정하면 그만이기 때문이다.

일찍이 프로이트가 심리적 방어기제의 하나로 ‘합리화’ 를 언급한 것은 이런 이유에서였을 것이다.

여기에 근거해 다시 결론을 내려 보면 다음과 같다.

정서문제가 심한 사람은 ‘인지 부조화’ 를 겪을 때 ‘자기 합리화’ 를 심하게 하지만, 건강한 심리를 가진 사람은 ‘지식을 축적’ 한다는 것이다.

‘자기 합리화’ 는 병든 인격이 사용하는 심리적 방어기제이다. 따라서 페스팅거의 실험에 참가한 사람들 중 많은 수가 ‘자기 합리화’ 를 했다는 것은 대다수의 미국인들이 정신적으로 병들어 있다는 것을 의미한다.

인지 부조화와 진리탐구

나는 지금까지의 논의를 통해 '인지 부조화'가 지극히 정상적인 사고과정의 하나임을 강조해 왔다.

이런 점에서 로렌 슬레이터의 다음과 같은 지적은 정당하다.

페스팅거는 이러한 현상을 한 번도 연구하지 않았다. 부조화가 어떻게 의심을 일으키고, 그 의심이 광명을 이끄는지에 대해서 말이다. 뿐만 아니라 그는 누군가는 합리화를 전략으로 선택하고, 다른 누군가는 믿음을 수정하는 이유가 어디에 있는지에 대해서도 연구한 바 없었다. … 인류의 역사를 살펴보면 손바닥으로 자신의 귀를 틀어막는 대신 실제로 무슨 일이 일어났는지 기꺼이 들으려 하며 불협화음 속으로 밀고 들어간 사람들이 존재했다.(〈스키너의 심리상자 열기〉, 162쪽)

학문과 과학의 발전은 끊임없이 '인지 부조화'를 해결하면서 이루어졌다. 새로운 진리란 기존의 진리와 부조화를 이루는 것이었기 때문이다.

코페르니쿠스의 '지동설'은 당시의 지배학설이었던 '천동설'에 대립되는 것이었다. 그러나 인류는 우여곡절을 겪으면서도 결국에는 '지동설'을 진리로 받아들였다. 인류는 '인지 부조화' 상황에서 어떤 때는 권력에 대한 두려움 때문에 또 어떤 때는 수치심 때문에 '의도적인 거짓말'을 하기도 했지만 결국에는 진리를 선택했기 때문에 계속 발전할 수 있었다.

그렇기 때문에 변증법의 대가 '헤겔' 같은 철학자는 '모순'을 사물현상들의 자기 운동, 자기 발전의 원천으로 보았던 것이다. 즉 그는 인지 부조화를 인식과 사유 발전의 원동력으로 이해했다.

이것은 한 개인에게 있어서도 마찬가지다.

사람은 태어나서 죽을 때까지 '모순', '인지 부조화'를 통해 끊임없이 자기의 지적 능력을 발전시킨다. 그러니 '인지 부조화'는 특별히 새삼스러운 것이 아니며 더욱이 나쁜 것은 절대로 아니다.

다만 그것을 해결하기 위해 '자기 합리화'를 사용하는 것이 문제인 것이다.

동아시아인이 미국인보다 '자기 합리화'를 훨씬 더 적게 한다는 사실, 사람들은 일반적으로 '인지 부조화'를 '자기 합리화'보다는 '지식 축적'을 통해 해결한다는 사실, '인지 부조화'를 '자기 합리화'로 해결하는 사람들은 정서적 문제를 안고 있다는 사실, 그리고 인류는 '인지 부조화'를 통해 발전해 왔다는 사실을 페스팅거는 어떻게 받아들일까?

아마 페스팅거는 심한 '인지 부조화' 상황에 빠져들 것이다.

그는 어떤 길을 선택할까?

'자기 합리화'를 고집하며 계속 인간을 혐오할까? 아니면 새로운 진리를 받아들일까?

제6장

정신의학을 발전시킨

로젠한

정신의학을 발전시킨 숨은 공로자

'정신의학' 이 서양의학의 한 분야로 인정받기 시작한 것은 불과 200년 정도밖에 되지 않았다. 그러나 '프로이트' 같은 이론가들의 등장과 갈수록 악화되는 사람들의 정신건강 문제가 결부되면서 '정신의학' (심리학의 경우 임상심리학 분야)은 단순한 의학분야의 하나가 아니라 인류의 삶과 문화에 지대한 영향을 미치는 이념으로까지 발전하였다. 그 결과 1970년대, 미국에서는 정신분석의들이 절대적인 권위를 지니게 되었고 사회에 커다란 영향을 미치게 되었다.

그러나 정신의학에 대해 비판적 입장을 가지고 있었던, 데이비드 로젠한(David Rosenhan)은 1972년에 정신분석의들의 입장에서 볼 때에는 9·11테러와도 같은 악몽일 수밖에 없는, 도발적인 실험을 진행하였다.

로젠한은 여덟 명의 특공대를 모아 그들을 정신병 환자로 위장시켜 여러 곳의 병원에 나누어 들여보냈다. 물론 그 자신도 한 정신병원에 입원했다. 그는 특공대원들을 주도면밀하게 훈련시켰고 결과는 대성공이었다. 8명 중 7명이 '정신분열증 진단' 을 받았고 한 명은 '조울증 진단' 을 받아내는 데 성공한 것이다.

게다가 이 과정에서 로젠한은 보호시설이 환자들을 비인간적으로 대우하고 있으며, 경우에 따라서는 환자들의 병세를 더 악화시키기도 한다는 사실을 느꼈다.

이러한 결과에 기초해 로젠한은 과학잡지 〈사이언스〉 지에 다음과 같이 썼다.

"우리가 사용한 언어표현에 어떤 의미가 부여되는가는 정신 분열증이라는 진단에 맞게 판단되었다. 만일 우리가 정상임을 알고 있었다면 완전히 다른 의미가 부여되었을 것이다." (〈스키너의 심리상자 열기〉, 로렌 슬레이터/조중열 역, 에코의 서재, 2005, 185쪽)

정신과 의사들은 정상인이었던 로젠한 팀에게 잘못된 진단을 내렸을 뿐만 아니라, 일단 '정신분열증' 이라는 진단을 내린 후에는 많은 '정상적인 행동' 을 정신분열증의 한 증상으로 왜곡해서 보았다.

따라서 로젠한이 정신의학적 진단을 불신하게 된 것은 당연한 귀결이었다.

"한 인간의 정신진단은 그 사람의 내면에서 내려지는 것이 아니라 맥락 속에서 내려지며, 그런 진단이 엄청난 실수를 초래할 수 있으므로 어떤 진단도 크게 신뢰할 수 없다…." (〈스키너의 심리상자 열기〉, 189쪽)

이러한 로젠한의 주장에 정신의들은 발끈했다. 화가 난 한 병원에서는 그에게 도전장을 던지기까지 했다.

"좋습니다. 우리가 진단을 제대로 못한다고요? 그렇다면 한번 해봅시
다. 앞으로 석 달 동안 가짜 환자들을 우리 응급실로 보내보시오. 우리
가 그들을 찾아낼 테니까요. 자, 어서요."(《스키너의 심리상자 열기》,
192쪽)

세 달이 지난 뒤 그 병원은 가짜 환자를 41명 찾아냈다고 자랑했
다. 그러나 로젠한은 가짜환자를 단 한 명도 그 병원에 보내지 않았다.
그 병원은 괜한 짓을 해서 로젠한의 입장만 강화시켜 준 꼴이 되었던
것이다.

아마 다른 정신의들은 모두 그 병원을 욕했을 것이다. 가만히나
있지. 괜히 나서서 불난 집에 부채질을 했다며….

1970년대의 미국영화 〈뻐꾸기 둥지 위로 날아간 새〉를 보면, 그
영화가 혹시 로젠한의 실험에 영향을 받은 것이 아닐까 하는 생각까지
든다.

영화의 주인공 맥 머피는 범죄자인데 교도소를 빠져나가기 위해
미친 척한다. 그러나 정신병원으로 이송된 머피는 그곳이 감옥과 전혀
다르지 않다는 사실에 깜짝 놀란다. 그가 보기에 정신병원은 사람들을
치료해주기는커녕 더 나쁘게 만들고 있는 비인간적인 수용소에 불과
했던 것이다. 그는 환자들에게 삶의 활기를 불어넣어 주며, 악의적인
장난으로 병원시스템에 도전한다. 그러자 병원은 머피에게 강제로 전
기치료를 받게 했다. 전기치료를 받고 환자들 곁으로 돌아온 머피는
이미 예전의 그가 아니었다. 그는 백치로 변해 버렸다.

이 영화의 주제는 좀더 폭넓은 의미로 해석될 수 있겠지만, 적어도 이 영화는 정상인도 노력만 하면 '정신이상 진단'을 받을 수 있으며, 정신병원이 '비인간적인 치료'를 하고 있음을 폭로했다는 점에서 로젠한의 실험과 그 맥을 같이 하고 있다.

그러나 정신의학에 대한 로젠한의 공격은 역설적으로 정신의학을 발전시키는 데, 큰 공헌을 했다. 로젠한의 실험으로 충격을 받은 정신의학자 스피처 박사가, 자의적인 진단오류를 줄이기 위해 '객관적인 진단기준과 지침'을 핵심으로 하는 DSM-3를 만들었기 때문이다(현재는 DSM-5까지 개발되었다).

* DSM(Diagnostic and Statistical Manual on Mental Disorders) : 정신이상에 관한 진단체계

자본주의가 인류역사에 처음 등장했을 때, 어린 소년들이 석탄을 캐기 위해 하루에 16시간이 넘도록 힘겨운 노동을 하는 모습은 흔히 볼 수 있는 풍경이었다. 만일 '마르크스'가 등장하지 않고 노동운동이 발전하지 않았다면 자본주의나라의 소년들은 오늘날까지도 공장에서 구슬땀을 흘리며 퉁퉁 부은 고사리 손을 움켜쥔 채 일을 하고 있었을지도 모른다. 그러나 자본주의제도의 모순에 대한 마르크스의 신랄하고 날카로운 공격이 있었기에 자본주의는 초기의 악마성을 탈피하여 '민중의 권리'를 인정하고 '사회복지정책'을 도입하게 되었다. 이런 점에서 자본주의제도를 타도하려고 했던 마르크스는, 역설적으로 자본주의를 멸망의 수렁으로부터 건져내고 그것을 한층 진화시키는 데 큰 기여를 한 셈이다.

　로젠한의 실험 또한 이와 같은 역설적인 결과를 낳았으니, 정신의학은 그에게 '공로상'이라도 주어야 하지 않을까?

　사실, '진단오류'란 정신의학에만 국한되는 문제는 아니다.

　모든 의학은 진단오류로부터 결코 자유롭지 못하다. 그래서 서양의학은 진단오류를 줄이기 위해 각종 의학기구를 발전시켜 왔다. 예를 들면 과거에는 위 속에 혹이 있는지 구멍이 뚫려 있는지를 '환자의 증상'을 통해서만 추측할 수 있었다. 그러나 내시경이 발명됨으로써 이 문제는 거의 해결되었다(물론 아직까지도 많은 영역에서 오진의 가능성은 남아 있다).

　그러나 인체의 병이 아니라 '마음의 병'을 다루는 정신의학의 경우에는 문제가 좀 복잡해진다. 기본적으로 정신의학은 '정신적인 문제'가 육체의 병을 낳는다고 본다. 따라서 신체증상이나 특이행동의 배후에 숨어 있는 '정신적 문제'를 찾아내야 하기 때문이다.(물론 정신의학자나 심리학자들 중에는 뇌의 고장으로 인해 정신병이 생긴다고 주장하는 사람들도 많다).

과연 정신진단은 신뢰할 수 있는가? 안심하고 정신과를 찾아가도 될까?

지금은 정신과에 대한 일반인들의 편견과 오해가 어느 정도 개선되고는 있지만 그래도 사람들은 다음과 같은 이유 때문에 정신과를 찾을 때 불안을 느낄 수 있다.

① 정확한 진단을 내리는가?

'DSM' 의 지속적인 진화와 정신의학 이론의 발전은 자의적인 진단오류를 줄여 주는 데 크게 기여하고 있다. 즉 완전히 잘못된 진단을 내릴 가능성을 많이 예방해 준다(물론 그럼에도 오진의 가능성은 항상 있다).

현재의 시점에서는, 정신진단이 틀릴 확률(오진율)이 다른 의학분야에 비해 크게 높다고 볼 근거는 별로 없다. 적어도 정신의학은 무지몽매했던 로젠한의 시대는 통과했기 때문이다.

② 어느 학파의 의사인가?

정신의학이 항상 고전하는 문제는 '진단' 이라기보다는 '치료' 이다.

예를 들어 어떤 환자에게 '우울증' 이란 진단이 내려졌다고 했을 때, 정신과 의사 혹은 임상심리학자들은 자기가 신봉하는 이론에 따라 다른 치료방법을 선택할 수 있다.

프로이트주의 의사는 우울증의 원인을 과거의 개인사나 가족사에서 찾기 위해 면담치료를 하려고 할지도 모르지만, 행동주의 학파의 의사는 병의 원인에는 별다른 관심을 보이지 않은 채 즉각적으로 '행동요법'을 시도할지도 모른다. 또한 생리심리학적 입장을 가진 의사는 약물치료에만 매달릴 수도 있다. 물론 일반적으로 환자들은 자기가 찾아간 정신과 의사나 임상심리학자가 어떤 이론을 신봉하는지는 알 길이 없다.

그렇다면 자기 병을 치료하려면 어떤 학설을 신봉하는 사람을 찾아가야 하는가? 깊이 들어가면 실로 골치 아픈 문제가 아닐 수 없다.

다행히도 대다수의 정신과 의사나 임상심리학자들은 이런 위험을 피하기 위해 특정 이론에만 의존하지 않고 여러 가지 치료방법 중에서 환자에게 가장 효과적인 것을 선택하려고 하는 편이다. 또한 '이런 증상에는 이 치료법이 가장 효과적이다' 라는 식으로 모범답안이 많은 임상경험을 통해 이미 밝혀져 있다.

그러나 이 문제는 한동안 여전히 환자들의 마음을 찜찜하게 만들지도 모른다.

③ 명의인가 돌팔이인가?

게다가 의사라고 해서 모두 다 같을 수는 없다. 똑같은 의사임에도 명의의 반열에 오른 사람이 있는가 하면 밤새껏 술독에 빠져 있다가 진료실에 들어서는 사람도 있고 돈독이 올라 온갖 약물을 마구잡이로 처방하는 사기꾼도 있다. 한국사회의 모든 직업인들이 다 그렇겠지만 항상 그 중에는 진짜배기가 있는 반면에 가짜도 있는 법이다.

그러면 어떻게 해야 하는가?

환자들이 치료자에 대한 의존심을 버리고 확고한 권리의식을 가지며 두 눈 똑바로 뜨고 자기 병을 스스로의 힘으로 치료하겠다는 의지를 가져야 돌팔이한테 농락당하는 일을 줄일 수 있을 것이며 명의를 만날 확률이 늘어날 것이다(상태가 심각한 환자들에게는 불가능한 일이지만).

내가 생각하기에는, 치료에 결정적 영향을 미치는 것은, 의사가 어떤 이론을 신봉하는가가 아니라 그의 인격수준이다. 환자를 인격적으로 존중하고 사랑할 줄 아는 의사, 병으로 고통 받는 사람을 구제하는 일을 자기의 천직으로 여기는 사람, 심리적으로 건강하고 도덕적으로 깨끗한 인격자. 이런 의사라면 그가 어떤 이론을 신봉하는지에 상관없이, 환자를 고칠 확률이 매우 높을 것이다.

결국 '명의'를 찾으라는 말이 되는가?

인생은 장거리 달리기

로젠한과 그의 특공대는 정신과 의사들은 멋지게 속여 넘겼지만, 환자들을 속이지는 못했다.

이상한 일은 다른 환자들은 로젠한이 정상임을 알고 있는 것처럼 보였는데도 불구하고 의사들은 알아채지 못했다는 것이다. 로젠한뿐만 아니라 전국의 정신병원에 수용된 다른 가짜 환자들도 의사보다 정신병 환자들이 제정신인 사람을 더 잘 알아보는 비슷한 경험을 했다. 한 젊은 남자는 휴게실에 있는 로젠한 박사에게 다가와 이렇게 말했다. "당신은 미치지 않았어요. 아마 기자 아니면 교수일 거예요."(〈스키너의 심리상자 열기〉, 185쪽)

로렌 슬레이터의 표현대로 이것은 '이상한 일' 임과 동시에 몹시 흥미로운 일이다. 아마도 환자들이 로젠한 팀이 정상인임을 알아볼 수 있었던 것은 다음과 같은 이유에서였을 것이다(모든 정신병 환자들이 내내 미쳐 있는 것은 아니다. 대다수의 정신병 환자들은 제정신을 유지하다가 가끔 한번씩 정신이 이상해질 뿐이다).

첫째, 환자들은 '정신과 의사' 들과 달리 특별한 고정관념이나 편견 없이 로젠한 팀을 볼 수 있었기 때문이다.

고정관념과 편견의 힘은 매우 강력하다.

한 청년이 슈퍼마켓에서 물건을 훔치려 한 혐의를 받고 경찰에 붙잡혀 왔다. 그런데 신원조회를 해보니 그 청년은 놀랍게도 재벌 2세였다. 청년을 시정잡배 취급하던 형사는 어색한 웃음을 흘리며 말한다. "이보게! 뭔가 오해가 있었나 보네. 자네 같은 사람이 뭐가 부족해 물건을 훔치겠어." 그는 융숭한 대접을 받고 석방된다.

반대의 경우도 성립된다. 신원조회 결과 그 청년이 지지리도 가난한 집안 출신임이 확인되었다면 어떨까? 경찰은 '그러면 그렇지' 라는 표정으로 청년의 뒤통수를 마구 때리며 말한다. "바른 대로 말해! 이

자식아. 돈이 없어서 물건을 훔친 거잖아? 동기가 확실한데 발뺌을 하려고 해?" 그는 '장발장' 의 후예가 된다.

고정관념과 편견, 유언비어가 횡행한다는 것은 그만큼 사회가 건강하지 못하다는 증거이다. 계급적 모순이 첨예하고 독재권력과 권위주의의 횡포가 심할수록, 부정부패가 만연하고 병든 인격이 많을수록 '고정관념' , '편견' , '유언비어' 는 기승을 부린다.

9·11테러 이후 미국인들은 또 다른 테러를 당할지도 모른다는 공포감에 시달렸다. 그 결과 미국에서는 아랍인들을 테러범으로 보는 풍조가 급격히 확산되었다. 그래서 아무런 죄가 없는 아랍인들도, 단순히 생김새 때문에, 사람이 많은 공공장소에서 공연히 배낭끈을 만졌다가는 체포되기가 일쑤였다. 폭탄을 꺼내는 것으로 오해받았기 때문이다.

둘째, 병원의 환자들은 로젠한 팀을 비교적 '긴 시간' 동안 '일상생활' 을 통해 관찰했기 때문이다.

스파이나 사기꾼은 '거짓 연기' 로 밥을 먹는다. 그들은 사람들의 눈을 기가 막히게 속여 넘기지만 결국엔 꼬리를 감추지 못해 잡히기도 하는데, 그들의 숨겨진 '꼬리' 는 어느 정도 시간이 흘러야 보이기 시작한다. 왜냐하면 '거짓 연기' 를 장기간 계속 한다는 것은 불가능하기 때문에 일상생활이나, 긴장이 풀어지는 조건에서는 자기의 '본래 모습' 을 드러내기 때문이다.

이런 내용을 심리학에 적용해 보면 다음과 같은 사실을 알 수 있다.
'사람은 잠깐 동안은 다른 행동을 할 수 있지만 장기간에 걸쳐서는 자기의 본모습을 드러내기 마련이다' 라고.

단기적인 시각으로 사람의 행동을 관찰하지 않고 개인의 역사를 중심으로 고찰해 보면 그 사람의 성격은 분명히 드러나게 마련이다. 오른손잡이도 어떤 시점이나 위기상황에서는 왼손을 사용할 수 있다. 그러나 인생 전반을 놓고 볼 때 그는 역시 오른손을 주로 사용하게 될 것이기 때문이다.(〈성격과 심리학〉, 김태형·전양숙, 새뜰심리상담소, 2007, 187쪽)

대부분 단기간에 걸쳐 진행되는 실험결과를 쉽게 일반화할 수 없는 것도 바로 이런 점과 관련된다.

좀 심하게 말하자면, 실험실 상황은 'TV의 쇼 프로' 와 흡사한 면을 가지고 있다.

쇼프로에 나온 출연자들은 진행자나 청중들의 기대에 부응하기 위해 '바람직한 모범행동' 을 하는 경향이 많다.

그러나 유쾌하게 웃고 까불며, 만담을 늘어놓는 코미디언들이 일상생활로 돌아가면 극심한 우울증에 시달리는 경우가 많다는 것은 이미 잘 알려진 사실이다.

그렇다면 그 코미디언들의 기본 정서는 무엇인가? 우울인가? 아니면 명랑함인가? 그들의 심리를 제대로 알려면 'TV 쇼프로' 를 계속 만들어 봐야 하는가 아니면 일상생활을 관찰해야 하는가?

어떤 TV 쇼프로는 기이하고 황당한 상황을 꾸며놓고 일반인들을 그 속에 몰아넣기도 한다. 그리고는 혼란에 빠져 당황해하며 실수를 연발하는 출연자들을 손가락질하며 낄낄댄다.

'시청자 여러분, 보세요! 인간이 얼마나 한심하고 웃긴가요?'

그러나 쇼프로에 참가해 어이없는 실수를 했다고 해서 그가 일상생활에서, 그리고 나아가 인생에서도 실수를 할 것이라고 주장할 아무런 이유가 없다. 평소에 거의 실수를 하지 않는 사람은, 비록 쇼프로에서는 당황한 나머지 실수를 했다고 해도, 실수 없이 자기 인생을 끌고 나갈 것이다. 반대로 평소에 자주 실수를 하는 부주의한 사람은, 비록 쇼프로에서는 정신을 집중해 운 좋게 답을 맞힌다고 해도, 인생길을 삐걱거리며 걸어갈 것이다.

과연 무엇이 그 사람의 진면모를 보여주는가? 쇼프로인가 아니면 인생길인가?

지나친 비유라며 화를 내는 실험심리학자들도 있겠지만, 대부분의 실험은 이러한 지적에서 완전히 자유로울 수가 없을 것이다.

나는, 심리학이 단기적인 실험이 아니라 장기간에 걸친 인간행동의 '경향성', 패턴을 연구하는 데 더 많은 노력을 기울여야 한다고 생각한다. 분명히 인류역사와 개인사 연구는 마구 남발되고 있는 실험보다는 훨씬 더 많은 것을 심리학에게 선물해 줄 수 있을 것이기 때문이다.

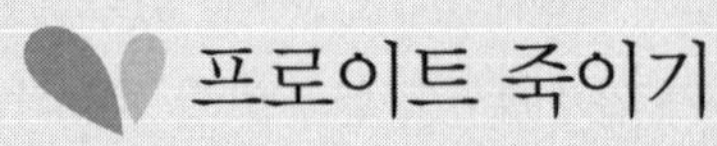

프로이트 죽이기

과거에 재미있게 본 '애널라이즈 디스'(Analyze This, 1999)라는 미국 코미디영화가 있었다. 이제는 구체적인 장면들이 거의 기억나지 않지만 그 영화를 기초로 이야기를 재구성해 보겠다.

어떤 마피아 두목이 정신적 문제로 시달리다가 할 수 없이 상담을 받기 시작했다. 그러던 어느 날 '상담가'의 분석을 듣다가 마피아 두목은 불같이 화를 내며 고함을 쳤다.

"뭐야? 그러니까 내가 엄마하고 섹스를 하고 싶어 한다고? 너 우리 엄마를 보기나 했어? 우리 엄마가 얼마나 뚱뚱하고 못생겼는지 알기나 하냐고?"

그리고는 품에서 권총을 꺼내 상담가에게 겨누며 말했다.

"너! 한 번만 더 그따위 소리를 했다가는 죽을 줄 알어."

아마도 영화에서 그 상담가는 프로이트의 '외디푸스 콤플렉스'(어머니에 대한 아들의 근친상간 욕구와 관련된 이론)에 근거해 설명을 해준 것 같은데, 마피아 두목이 펄펄 뛰자 그 뒤로는 더 이상 정신분석을 진행하지 못했다.

이 마피아 두목의 반응에 대해 일부 프로이트주의자들은, '그가 지나친 부정을 하는 것으로 보아 상담가의 분석이 맞았나 보군'이라고 생각할지도 모른다. 물론 프로이트 반대자들은 이 영화가 프로이트 주의의 잘못을 날카롭게 풍자했다며 몹시 즐거워했을 것이다.

〈스키너의 심리상자 열기〉의 저자인 로렌 슬레이터가 정신분석을 대하는 태도를 보니 그녀는 아마도 후자인 것 같다.

우리가 정신의학을 신처럼 믿었던 때가 있었다. 정신분석이 거의 모든 것에 대한 해답을 가지고 학문을 지배하던 1930년, 1940년, 1950년대가 그 황금기였다. 과거가 우리를 치유할 수 있습니다. 편안히 자리에 앉아 실컷 우십시오….(〈스키너의 심리상자 열기〉, 192쪽)

말이 나온 김에 정신분석에 관한 얘기를 약간 해야 할 것 같다.

사실 정신분석은 비판받아 마땅한 일련의 오류들을 가지고 있다. 그러나 아무리 박하게 굴어도 심리학에 대한 프로이트의 공헌 두 가지는 반드시 인정해야 한다.

첫째, 프로이트는 사람에 대한 '역사적 관점'을 제시하였다.

익히 알려진 것처럼 프로이트는 한 개인을 이해하려면 그 사람의 과거를 알아야 한다고 주장했다. 특히 그는 어린 시절의 경험이 사람의 인생에 미치는 영향을 강조했는데 이는 전적으로 타당하다고 생각된다.

좋은 부모를 만나느냐 나쁜 부모를 만나느냐의 차이가 아이의 인생을 좌우하는 것은 아이에게 선택권이 없기 때문이다. 좋은 부모를 만나 사랑을 받으면서 자란 아이와 나쁜 부모를 만나 학대를 받으면서 자란 아이의 인생이 달라질 것이라는 점은 의심할 여지가 없는 것이다.

…

과거로부터 자유로울 수 있는 존재란 없다. 현재는 과거의 결과이기 때문이다. … 식민지 시대를 청산하기 위한 노력이 사회를 더 건강하게 하듯이 심리적으로 불우한 어린 시절을 청산하는 것은 개인을 더 건강하게 만든다.

"해결되지 못한 과거는 미래를 병들게 한다."(〈부모-나 관계의 비밀〉, 김태형 · 전양숙, 새뜰심리상담소, 2005, 22/115~116쪽)

일부 심리학자들은 '과거가 우리를 치유한다' 는 말을 조롱한다. 그들은 "현재의 증상을 집중적으로 치료하는 게 훨씬 더 중요하다. 과거를 뒤지는 것은 시간낭비일 뿐이다" 라고 말한다.

이것은 심한 비만에 걸린 사람은 '지방흡입술' 이나 '행동요법' 으로 치료하기만 하면 된다는 식의 주장이다. 그러나 비만증은 환자를 진단하는 그 시점에 갑자기 생긴 것이 아니다. 예를 들면 그것은 잘못된 식습관, 운동부족, 스트레스 등의 원인 때문에 장기간에 걸쳐 진행되어 왔을 것이다. 이럴 경우 '과거를 규명' 하는 것은 곧 비만의 원인을 밝혀내는 과정이 될 것이다. 나아가 그것은 비만환자가 자기관리를 하지 못한 '심리적 이유' 를 알아내는 것을 목표로 한다.

이런 노력이 과연 무익한 것일까?

지방 흡입술을 하면 당장은 살을 뺄 수 있을 것이다. 그러나 비만을 야기한 심리적 문제점을 해결하지 않으면 그것은 반드시 재발한다 (근원적인 심리적 병을 고치지 않으면 비만이 아니더라도 그것은 다른 신체증상으로 또 나타난다).

프로이트는 '과거가 현재에 미치는 중요성'을 강조함으로써, 사회과학에서 일반적으로 인정되는 '역사적 관점'을 심리학에 도입하는 데 지대한 공헌을 했다.

둘째, 프로이트는 인류에게 '무의식'이란 개념을 선물했다.
프로이트의 무의식 이론은 물론 많은 문제점을 가지고 있다. 특히 그가 '사람을 무의식에 의해 지배되는 존재'로 이해한 것은 큰 잘못이다.

'의식'은 무의식을 적극적으로 이용하게 하는 지휘관이다. 그렇기 때문에 의식이 힘이 있으면 무의식은 의식에 복종하면서 의식을 물심양면으로 돕는다.(〈성격과 심리학〉 김태형·전양숙, 새뜰심리상담소, 2007, 49쪽)

사람은 누구나 다 무의식과 대화하면서 산다. 무의식에는 선조들이 남겨준 소중한 유산들이 담겨 있고 자신이 살아오면서 경험한 모든 것들이 보관되어 있다. 사람은 수정되는 그 순간부터 죽는 날까지 끊임없이 무의식에 영향을 주는 동시에 무의식의 도움을 받으며 살아간다. 무의식의 잠재력은 무궁무진하기 때문에 무의식의 도움을 받는 사람은 그렇지 못한 사람보다 훨씬 인생을 윤택하게 살 수 있다. … 무의식에 지나치게 의존하는 것도 위험하지만 무의식의 도움을 거절하는 것은 더 위험하다.(〈부모-나 관계의 비밀〉, 119~121쪽)

그러나 프로이트가 '무의식의 중요성을 강조'함으로써 사람의 의식을 이해하기 위한 심리학적 노력에 커다란 진전을 가져오게 한 것은 칭찬받아 마땅하다.

‘프로이트’ 나 ‘융’ 같은 이론가들은 실험에 의존하기보다는 풍부한 임상경험과 사람들에 대한 관찰에 기초해 자기 이론을 정립했다. 그들은 실험과 같은 ‘단기상황’ 에 매몰되지 않고, 많은 사람의 인생을 역사적 관점을 가지고 장기간에 걸쳐 관찰하고 분석했기 때문에, 심리학에 지대한 영향을 미친 구조적이고 통찰력 있는 이론을 정립할 수 있었던 것이다.

그렇다면 ‘실험’ 이라는 협소한 시야에 매몰되어 있는 미국 심리학이 도달할 수 있는 경지는 어디쯤일까?

진짜 진돗개

프로이트나 융의 이론이 안고 있는 오류는 ‘정신과 의사’ 라는 그들의 직업과도 관련이 있다.

그들은 주로 정신과의 환자들을 관찰하면서 사람에 대한 이해를 넓혀 갔고, 그것에 기초해 자기의 심리학 이론을 세웠다. 그러나 그 결과, 그들은 공통적으로 ‘정신과 환자’ 에게 특유한 현상을 보편적인 ‘사람’ 혹은 ‘인류’ 에게로 일반화하는 오류를 저질렀다. 통계학적으로 말하자면 샘플링을 잘못한 것이다.

사람을 도식적으로 나누면 다음과 같은 세 집단으로 묶을 수 있을 것이다. 첫째 집단은 소수이지만 '매우 건강한 인격체', 둘째 집단은 다수를 차지하는 '보통 인격체', 그리고 마지막은 역시 소수이지만 '병든 인격체'이다.

그렇다면 심리학은 어느 집단을 주로 연구해야 할까?

프로이트나 융은 소수의 '병든 인격체'를 주로 연구했고, 미국 심리학은 다수의 '보통 인격체'를 연구했는데 어느 것이 맞을까?

아마 세 가지 집단을 다 연구하는 게 제일 좋다고 말하는 사람도 있을 것이고, 다수의 '보통 인격체'를 연구하는 게 좋다고 말하는 사람도 있을 것이다.

다수의 '보통 인격체'를 연구하는 것은 '특정한 역사적 시기와 사회가 사람들의 심리에 어떤 영향을 미치는지'에 대해서는 많은 것을 알려 줄 수 있다. 평균적인 미국인을 대상으로 한 미국 심리학자들의 많은 실험결과가 보여주는 것도 바로 이것이다. 그러나 '보통 인격체'에 대한 연구는 사람이 가진 긍정점과 부정점을 극단적으로, 순수하게 보여주지는 못한다.

심리학 연구에 있어서는 '극단적인 사람'이 주는 정보가 더 유익한 경우가 있다. 잡석에 섞여 있는 금 성분을 연구하는 것보다는 순금을 연구하는 것이 금을 아는 데 더 도움이 되는 것처럼. 그렇기 때문에 극단적인 소수집단에 속하는 '정신병 환자'를 연구한 프로이트나 융이 보통 사람을 연구한 학자들보다도 사람에 대한 유익한 정보를 더 많이 제공할 수 있었던 것이다.

그렇다면 반대의 경우도 성립되어야 한다. 즉 만일 소수인 '병든 인격체'에 대한 연구가 사람이 가진 '부정적 측면'을 극명하게 보여주었다면, 소수인 '매우 건강한 인격체'에 대한 연구는 사람이 가진 '긍정적 측면'을 순도 높게 보여주어야 할 것이다.

아쉽게도 나는, 심리학자들 중에 '매우 건강한 인격체'를 연구해 자기 이론을 정립한 사람을 아직까지 알지 못한다(부분적인 시도는 있었다). 그러나 앞으로 심리학이 프로이트와 융의 한계점을 극복하고 사람에 대한 올바른 이해, 궁극적인 진리에 도달하기 위해서는 '매우 건강한 인격체'에 대한 연구를 반드시 진행해야 한다고 믿는다.

진돗개 중에는 잡종개와 크게 다를 바 없는 소수의 '정신적으로 병든 개'들도 있고, 다수의 '보통 진돗개'도 있으며, 소수의 '명견'들도 있다.

사람들은 주인도 알아보지 못하고 마구 짖어대며, 집을 나가기만 하면 길을 잃어버리는 '정신적으로 병든 개'를 '저게 무슨 진돗개야. 똥개지'라고 말하며 그 개를 진돗개로 인정하지 않는다.

사람들이 진돗개로 인정하는 것은 역시 소수일지라도 가장 진돗개다운 개, '명견'이다.

1993년, 섬인 진도에서 대전으로 팔려갔던 진돗개 백구가 줄을 끊고 탈출해 7개월에 걸쳐 300킬로미터를 가로질러 옛 주인에게 돌아온 놀라운 일이 벌어졌다.

이 사건을 두고 사람들은 이구동성으로 말했다.

"역시 진돗개는 달라.", "역시 진돗개야."

왜 사람들은 진돗개 하면 다수의 '보통 진돗개'가 아니라 소수의

‘명견’을 떠올릴까? 그런 개들이야말로 ‘진돗개’를 대표하고, 진돗개의 진면모를 보여준다고 생각하기 때문일까?

왜 사람들은 인류역사에 명멸했던 수많은 인물들 중에 ‘매우 건강한 인격체’를 존경하고 찬양할까? 왜 그들을 기억함으로써 ‘인류’의 존엄성을 반복적으로 가슴 뿌듯이 확인할까?

긴 역사를 놓고 볼 때, 인류는 ‘매우 건강한 인격체’의 영향을 받아 성장해 왔고 그들이 가는 길을 따라 걸어왔다. 그러나 경우에 따라 사람들 속의 다수는 ‘병든 인격체’가 되어 사회를 파괴하기도 했고, ‘건강한 인격체’가 되어 세상을 더 좋은 곳으로 바꾸기도 했다. 이러한 사실은, 사람이란 ‘병든 인격체’, ‘매우 건강한 인격체’가 될 수 있는 가능성을 모두 가지고 있다는 것을 말해 준다.

그렇다면 사람에게 본질적인 것은 무엇인가?
‘병든 인격체’가 될 수 있는 가능성인가? 아니면 ‘매우 건강한 인격체’가 될 수 있는 가능성인가?

프로이트와 융은 소수의 ‘정신적으로 병든 개’를 연구해 그것이 ‘진돗개의 표본’이라고 주장했다. 그리고 미국 심리학자들은 아주 불결한 환경 때문에 심하게 병들어 가고 있는 ‘보통 진돗개’를 가지고 이런저런 실험을 하면서 ‘무슨 진돗개가 이따위야’라며 비웃어 왔다.
그렇기에 이제 21세기의 심리학은 지금까지 의도적으로 무시되어 왔던 소수의 ‘명견’에 대한 연구를 시작해야 한다. 그럼으로써 심리학의 불균형을 바로잡고 ‘진짜 진돗개의 모습’을 그려내야 한다.

가망 없는 미국 심리학자들 대신에 한국의 심리학자들이 이 일을 해낸다면 얼마나 좋을까?

실험실의 '빅토르 위고'

알렉산더

 '장발장' 이 범죄자가 된 이유

1862년에 프랑스의 대문호 '빅토르 위고' 가 발표한 〈레 미제라블(비참한 사람들)〉이라는 소설을 모르는 사람은 거의 없을 것이다.

이 소설의 주인공 '장발장' 은 너무 배가 고파 빵 한 조각을 훔쳤고, 그것 때문에 19년간이나 감옥생활을 하게 된다. 세월이 흘러 장발장은 석방되었다. 그러나 그의 마음은 세상에 대한 원한으로 이글거렸고 사람들 또한 전과자인 장발장을 멀리하고 냉대한다. 갈 곳이 없어 거리를 방황하던 장발장은 우연히 '미리엘 신부' 의 성당에서 신세를 지게 된다. 그런데 다른 사람들과 달리 미리엘 신부는 장발장을 따뜻한 마음으로 대해 주었고 분에 넘치는 친절까지 베풀어 주었다. 그러나 타인의 친절을 받아들일 만한 마음의 여유가 없었던 장발장은 은촛대를 훔쳐 도망친다. 그 후 장발장은 경찰에게 붙잡혀 미리엘 신부 앞으로 끌려왔다. 경찰이 신부에게 '이 자가 은촛대를 훔쳤지요?' 라고 묻자, 미리엘 신부는 '그 촛대는 내가 준 것이오' 라고 말함으로써 장발장을 구원해 주었다. 신부의 사랑과 용서에 감동한 장발장은 그 후 완전히 새 사람이 되어 평생 동안 착하게 살아간다.

이 소설을 통해 '빅토르 위고' 는 정의롭지 못한 사회는 선한 사람들을 범죄자로 만든다고 주장했다(많은 일반인들 또한 이런 주장에 대부분 동의할 것이다).

그러나 심리학자들은 '장발장' 같은 사람이 왜 범죄자가 되었는지를 가지고 끊임없이 논쟁을 벌여 왔다.

다수의 심리학자들은 '한 번 범죄자는 영원한 범죄자'라고 말했던 소설 속의 자베르 경감처럼, 장발장이 '범죄'를 저지른 것은 '생리학적 원인' 때문이라고 주장한다. 반면에 비록 소수이지만 장발장을 범죄자로 만든 것은 '사회모순'이라고 주장하는 학자들도 있다.

이렇게 심리학자들은 '범죄'나 '약물중독' 나아가 '사람의 행동'에 무엇이 결정적인 영향을 미치느냐에 따라 크게 두 진영으로 나뉘어 오랫동안 치열하게 논쟁해 왔다. 그러나 '유전적 요인', '생리적인 원인'을 강조하는 진영과 '환경적 요인', '사회적인 원인'을 강조하는 진영 간의 싸움은 아직까지도 진행 중이다. 양 진영 간의 논쟁은 명확한 결론을 내리지 못한 채, 각각 자기 주장을 지지해 주는 실험결과를 발표하면서 더 복잡하게 뒤엉키고 있다. 그럼에도 현재 대세는 '생물학주의' 쪽으로 점점 더 기울어지고 있는 것 같다.

미국 심리학계를 관통해 오는 이러한 흐름을 '마약중독'을 둘러싼 상반되는 두 가지 실험과 그것을 대하는 '미국 심리학계의 태도'를 통해 살펴보도록 하자.

# '생물학주의' 의 힘

1954년, 맥길 대학의 심리학자 '올드와 밀너' 는 후에 '쾌락센터(pleasure center)' 라고 이름 붙여지는 '두뇌 부위' 에 전기자극을 가하기 위해 흰쥐가 지렛대를 미친 듯이 누른다는 사실을 발견했다. 쥐들은 두뇌의 쾌락센터에 자극을 가하기 위해 한 시간 안에 최대 6천 번까지 지렛대를 눌러댔다.

다른 연구자들도 비슷한 실험결과를 발표했다.

한 실험에서 동물들은 마약을 스스로 주입할 정도로 중독에 빠져 음식을 거부하고 몽롱한 상태에서 천천히 굶어죽어 갔다. 마약중독의 힘은 삶의 본능까지 뛰어넘을 정도였던 것이다. 또 다른 실험에서 흰 쥐들은 앞발에 강한 전기충격을 받으면서도 기어이 약물을 빨아먹었다. 마약이 주는 '보상' 효과는 전기충격이 주는 '처벌' 효과 따위는 쉽게 뭉개 버리는 듯이 보였다. 이 외에도 다른 동물을 이용한 많은 실험들이 비슷한 결과를 보여주었다.

이런 실험들에 의하면 '마약중독은 생리적으로 피할 수 없는 현상' 이다. 왜냐 하면 '뇌' 의 쾌락중추가 자극을 원하기 때문에….

생물학주의는 이런 식으로 정말로 악착스럽고 끈질기게 사람의 행동을 '환원주의적 입장'(이에 대해서는 제1장을 참조하기 바람)으로 설명해 왔고 수많은 실험을 통해 그 정당성을 거듭거듭 주장해 왔다.

생물학주의의 입장에 따르자면 '장발장'이 빵을 훔친 것은 그의 '위장' 때문이다. 제 때에 음식물이 들어오지 않은 위장이 요동을 쳤기 때문에 장발장은 빵을 훔치게 되었고 만일 그것이 성공했다면 그 훔치는 행동은 '강화'되어 그는 계속 빵을 훔치게 되어 결국은 범죄자가 될 것이라는 식의 설명이 가능할 것이다.

사람이 밥을 먹는 이유는 '위장'이 그것을 원하기 때문이고, 사람이 화를 내는 것은 뇌의 분노중추가 자극되었기 때문이며, 사람이 우울해지는 것은 뇌에서 우울증을 야기하는 호르몬이 과다 분비되었기 때문이라는 식의 황당한 주장이 심리학을 의연히 지배하고 있는 이유는 무엇일까?

그것은 생물학주의자들이 다음과 같은 말로 '빅토르 위고'를 윽박질러 왔기 때문이다.

"당신이 쓴 것은 소설에 불과하오. 그러나 우리는 동물들을 가지고 직접 실험을 했단 말이오. 그러니 우리에게는 확실한 증거가 있지만 당신에게는 자기 주장을 입증할 만한 그 어떤 증거도 없소."

물론 '실험만능주의자'들의 천박한 입장을 정확히 비판한 사람들은 많이 있었다. 그러나 그들은 '우리는 실험으로 증명된 것만 믿는다'라며 꿈쩍도 하지 않았다.

그렇다면 그들은 '생물학주의' 가 틀렸다는 것이 실험으로 입증된다면 태도를 바꿀까? 그것을 알아보기 위해서는, 실험을 통해 '장발장이 빵을 훔친 것은 사회적 모순 때문' 이라는 것을 증명한 사례를 살펴볼 필요가 있을 것이다.

사회모순 그리고 마약중독

브루스 알렉산더(Bruce Alexander)는 이런 의문을 가지고 있었다.
만일 뇌의 '쾌락센터' 때문에 약물중독이 야기된다면 약을 복용하는 사람은 모두 중독이 되어야 한다. 그러나 약을 복용한 사람들 중 실제로 중독에 빠지는 사람은 소수이지 않은가. 그의 문제의식은 마약중독 실험실의 쥐를 본 뒤에 더 증폭되었다.

마약에 중독이 된 쥐를 관찰했다. 어떤 쥐들에게는 털을 민 등의 맨살 속에 카테테르 관이 삽입되었고, 쥐들이 갇혀 있는 우리는 대체로 더럽고 비좁았다. … 알렉산더는 자신이 만일 그런 곳에서 지낸다면 가능하면 흥분된 상태로 지내고 싶을 것이라고 생각했다.(〈스키너의 심리상자 열기〉, 로렌 슬레이터/조중열 역, 에코의 서재, 2005, 212쪽)

드디어 1981년, 알렉산더와 공동 연구자인 로버트 코움과 페트리

시아 헤이더웨이는 매우 뜻 깊은 실험을 실시하였다.

그들은 흰쥐들이 쾌적한 생활을 할 수 있도록 200제곱피트 크기의 '쥐 공원' 을 만들었다. 그리고는 쥐 16마리는 쥐 공원에 집어넣고, 다른 16마리는 실험실 우리 안에 가두었다. 그런 다음 쥐들에게 두 가지의 물을 제공했다. 그 중 하나는 마약과 설탕을 섞어놓은 물이고(쥐는 단 맛을 좋아하는데 마약은 쓴 맛이 나기 때문이다) 나머지 하나는 그냥 보통 물이었다.

결과는 알렉산더의 예상대로였다.
실험실의 '우리 안에 갇혀 있는 쥐' 들이 '쥐 공원의 쥐' 들보다 마약이 든 물을 최대 16배나 더 마신 것이다. 또 다른 실험은 '쥐 공원' 의 쥐들이 실험실의 쥐들에 비해 '마약중독' 을 더 쉽게 극복한다는 사실도 확인해 주었다.

이러한 놀라운 결과에 대해 로렌 슬레이터는 이렇게 말했다.

쥐들이 '쾌적한' 공간에 있을 때 정상적인 사회활동을 방해하는 헤로인이 든 음식을 실제로 피한다는 사실을 분명하게 보여주었다. 쥐들은 단물을 좋아했지만 마약에 취할 정도까지는 아니었다. 적어도 우호적인 환경에 있는 쥐들에게 아편은 달갑지 않은 존재인 것이 분명했다. 그것은 약물이 본질적으로 유혹적이라고 알고 있었던 우리의 생각과는 너무나 다른 결과였다.(〈스키너의 심리상자 열기〉, 214~215쪽)

알렉산더의 '쥐 공원' 실험은 다음의 두 가지 사실을 분명히 보여준다.

첫째, '실험실의 동물' 들은 약간 미쳐 있다(이 문제는 제1장에서 이미 지적했기 때문에 여기서는 생략한다). 따라서 제정신이 아닌 '실험실 동물' 로부터 나온 결과는 매우 신중하게 해석되어야 한다.

둘째, '마약중독' 은 뇌의 쾌락중추에 의한 것이 아니라 스트레스를 유발하는 나쁜 환경의 산물이다. 뇌의 쾌락중추는 마약중독의 생리적 원인이 될 수는 있다. 그러나 너무도 당연한 말이지만 쾌락중추 자체가 사람이 마약중독에 빠지도록 명령하지는 않는다.

알렉산더에 의하면 동물실험 말고도 '마약중독' 이 사회적 문제, 환경과 연관되어 있다는 증거는 더 있다.

우선 마약이 불법화되기 전까지 중독자의 비율은 꾸준히 1퍼센트 수준으로 유지되었다는 사실을 들 수 있다.

알렉산더 박사는 다음과 같이 말한다.

"그러니까 중독성이 아무리 강한 약물도 100명당 1명밖에 상습 복용자를 만들지 못한다는 겁니다." (〈스키너의 심리상자 열기〉, 205쪽)

또한 베트남전에 참전해 마약을 복용했던 병사들 중 대부분이 고국으로 돌아오자 별다른 어려움 없이 마약을 끊은 사례를 들 수 있다.

알렉산더 박사가 가장 즐겨 인용하는 사례는 자연적인 마약 중독 실험이 이루어진 베트남 전쟁이다. 베트남 전쟁 때 헤로인에 '중독' 된 군인의 90퍼센트가 집으로 돌아오고 나서 조용하고 간단하게 약의 복용을 중단하였고, 그 이후로 다시는 강박적으로 헤로인을 복용한 적이 없었다.(〈스키너의 심리상자 열기〉, 204쪽)

이런 여러 근거들에 기초해 알렉산더 박사는 '약물중독' 이 생리적 원인이 아닌 사회적 원인 때문에 발생한다고 주장했다.

사람들이 약물을 복용하는 것은 약리적으로 필요해서가 아니라 그렇지 않고서는 힘든 상황에 효과적으로 적응할 수 없기 때문이었습니다.(〈스키너의 심리상자 열기〉, 208쪽)

지금까지의 논의를 보면, '장발장' 이 빵을 훔친 것은 그가 범죄자가 될 수밖에 없는 '나쁜 유전자' 를 타고 나서도 아니고 그의 뇌에 있는 '식욕을 느끼는 부위' 가 자극되었기 때문도 아니었음이 분명해진다. 그가 빵을 훔친 것은 비좁고 더러운 동물우리와도 같은 사회에서 살고 있었기 때문이었다.

이제, 아까의 질문에 대답할 차례가 되었다.
마약중독이 생리적 원인에 의한 것이 아니라는 것이 그들이 그토록 숭배하는 '실험' 을 통해 증명되었으니 '생물학주의자' 들은 자기 태도를 바꿀까?

만약 미국의 심리학자들이 알렉산더의 실험 때문에 자기 태도를 바꿨을 거라고 기대했다면 완전한 오산이다. 미국의 심리학계는 그리 순수하지가 않기 때문이다.

아마 외부의 일반인들은 대부분, 심리학자들을 '순진한 눈'으로 바라볼 것이다. "비록 미국 심리학자들이 맹목적으로 '실험'을 숭배하는 결함을 가지고 있기는 하지만 그래도 그들은 '과학자'이니 '진리'를 과감히 받아들이지 않을까?"라고 생각하면서.

그러나 '학문의 정치적 중립'을 강조하고 '순수한 과학'을 외치며 실험실 의자에 앉아있는 샌님 같은 과학자들 중 많은 수가 사실은 매우 정치적이었다. 왜냐하면 미국의 주류 심리학계는 알렉산더의 실험을 철저히 외면했으며 그를 따돌렸기 때문이다.

왕따당한 심리학자

알렉산더는 '할로'의 유명한 원숭이 실험테이프를 본 후 이렇게 생각했다고 한다.

'사랑의 본질을 연구하는 사람이 저기 있구나. 나는 사랑에 운이 없으니 저 분을 나의 스승으로 삼아야겠다.'(《스키너의 심리상자 열기》, 206쪽)

그러나 '사랑을 연구하는 학자이니 뭐가 달라도 다를 것'이라는 알렉산더의 기대는 무참하게 깨졌다. '할로'는 꿈 많은 제자에게, 자기의 심리적 문제 때문에 비참하게 무너져 가는 모습을 보여주었을 뿐이다(이에 대해서는 제4장을 참조하기 바람).

> "할로 교수님은 술을 끔찍히도 드셨어요. 언제나 술에 취해 계셨죠. 그래서 저는 무엇이 한 인간으로 하여금 저토록 세상과 멀어지게 하는지 궁금했어요. 제가 할로 교수님의 실험실로 온 것은 사랑을 연구하기 위해서였지만 결과적으로는 중독을 관찰하게 되었던 거죠." (〈스키너의 심리상자 열기〉, 207쪽)

어쨌든 '할로' 덕분이든 아니든, 알렉산더는 '마약중독' 에 대한 실험을 통해 미국 심리학계를 지배하던 '생물학적 패러다임' 에 커다란 구멍을 뚫어 버렸다. 그러나 그 대가로 그는 미국 주류학계로부터 왕따를 당하기 시작한다.

그의 연구가 가져온 실험결과는 대단히 중요하고, 그것이 인류 전체에게든 개인에게든 의미 있는 도전이 된 것은 사실이었으나 그때나 지금이나 많은 관심을 가져 주는 사람은 별로 없다.
"우리는 연구 성과를 논문으로 작성하여 〈사이언스〉지와 〈네이처〉지에 발표하고 싶었어요. 하지만 게재를 거부당했습니다. 계속요. 그래서 좌절감을 느꼈지요."
결국 그들은 훌륭한 잡지지만 발행부수가 얼마 안 되는 〈약리학, 생화학 그리고 행동〉지에 쥐 공원에 대한 연구논문을 실었다.(〈스키너의 심리상자 열기〉, 218쪽)

왜 미국 주류 심리학계는 알렉산더를 왕따 시켰을까?

그가 '실험'에만 매몰되어 있는 미국 심리학의 천박함을 비판한 것도 아니고 급진적인 사회주의이념을 주장한 것도 아닌데….

올바른 '실험'을 한 죄밖에 없는 알렉산더가 주류로부터 거부당한 이유를 로렌 슬레이터는 정확히 지적하고 있다.

1970년대에 스탠퍼드 대학의 애브럼 골드스타인이라는 연구자는 체내에 자연 생성되는 아편물질 엔도르핀을 발견하였고, 헤로인 복용자에게 이 내성 물질이 부족하다고 추측했다. 따라서 마약 중독자에게 엔도르핀을 주입하면 마약을 찾는 일이 없을 것이라는 가설을 세웠다. 하지만 그의 구상은 완전한 실패였다. 아무런 효과가 없었던 것이다. 하지만 그의 연구는 언론의 호평을 받았다. 그 설명구조가 알렉산더가 가장 우려하는 인종이나 계급문제를 회피하거나 무시하고자 하는 사람들의 기호에 딱 맞는 생물학적 토대를 가진 설명이었기 때문이다.(〈스키너의 심리상자 열기〉, 218쪽)

그렇다.

알렉산더가 미국 심리학계로부터 의도적인 무시를 당한 이유는 바로 그의 실험이 '계급문제', '인종문제' 같은 사회적 문제의 중요성을 뚜렷이 부각시켰기 때문이었다.

우리는 이러한 사실을 통해 다음과 같은 점을 확인할 수 있다.

첫째, 미국 심리학자들은 매우 '정치적'이다.

미국 심리학자들은 알렉산더처럼 자신을 곤경에 빠뜨릴 수 있는 위험한 '실험설계'는 미리미리 알아서 피한다. 그래서 그들은 인류에게 진정으로 도움이 되는 실험들을 설계하는 것이 아니라 '미국 주류 심리학계' 와 '자본가' 들로부터 환영받을 수 있는 실험만을 설계한다. 마치 한국의 지식인들이 글을 쓸 때, 머릿속에서 스스로 '국가보안법' 의 검열을 받는 것처럼.

미국 심리학자들은 또한 자기들의 기득권이나 이론을 위협할지도 모르는 알렉산더 같은 '이단아' 가 등장하면 똘똘 뭉쳐 그가 일반인들 에게 나쁜(?) 영향을 주지 못하도록 철저히 따돌린다.

둘째, 미국 심리학자들의 '실험숭배' 는 위선이다.

만일 알렉산더의 이론이 마음에 들지 않거나 잘못이라고 생각했 다면, 미국 심리학자들은 그와 똑같은 실험을 반복해 봄으로써 '진실' 을 확인할 수 있었다. 그러나 그들은 그렇게 하지도 않았고 그렇다고 해서 알렉산더의 실험을 인정하지도 않았다.

이런 점으로 보아, 미국 심리학자들은 '실험' 에 대한 이중기준을 가지고 있음이 분명하다.

부시는 대량살상무기에 대한 '이중기준' 에 근거해, 스스로는 위 험한 군비경쟁을 불러일으킬 것이 뻔한 MD(미사일방어체제)를 천문 학적인 돈을 들여 개발하면서도, 제3세계 나라들이 미사일만 쳐다보 아도 '대량살상무기다. 저기 대량살상무기가 나타났다' 라고 호들갑 을 떨며 전 세계가 그 나라를 왕따 시킬 것을 강요한다. 부시에게 있어 서 대량살상무기가 미국만이 가질 수 있는 '세계에 대한 지배권' 인 것 처럼 미국 심리학자들에게 있어서 '실험' 은 그들만이 가질 수 있는 '심리학에 대한 지배권' 인 것이다.

그러니 '실험' 을 통해서 미국 심리학을 비판하면 될 거라는 순진한 생각은 하지도 말아야 한다. 그런다고 눈 하나 깜짝할 그들이 아니다.

미국 심리학계로부터 철저히 외면당한 탓일까?

로렌 슬레이터가 만났을 때, 알렉산더 박사는 많이 위축되어 있었다.

"쥐 공원은 유명하지 않은데, 왜 그 실험을 책에 넣으려고 하죠? 그 실험에는 작은 추종집단이 있을 뿐이에요. 그것이 전부입니다."(〈스키너의 심리상자 열기〉, 223쪽)

그럼에도 불구하고 〈스키너의 심리상자 열기〉의 저자인 로렌 슬레이터가 자기의 책에 알렉산더의 실험을 과감히 소개하고 다음과 같이 그 가치를 높게 평가한 것은 정말로 고맙고 장한 일이 아닐 수 없다 (나도 그녀를 통해 이 실험을 처음 알게 되었다).

맞다. 쥐 공원은 대단하지 않을 수 있다. 하지만 그 실험은 섬세하지만 강렬한 광채를 발산하는 작은 보석이다.(〈스키너의 심리상자 열기〉, 223쪽)

알렉산더 박사는 '쥐 공원'에 대한 사람들의 시큰둥한 반응에 의기소침해지기는 했지만 그렇다고 우울증이나 약물중독에 빠지지는 않았다. 그는 여전히 정력적으로 연구에 몰두하고 있다.

특히 그가 '작은 실험실'의 틀을 벗어나 '역사'에 관심을 돌리고 있다는 소식은 정말로 고무적이다. 나 또한, 심리학이 '실험실'보다는 '역사'로부터 훨씬 더 많은 것을 배울 수 있다고 믿고 있기 때문이다.

알렉산더의 스승이었던 '할로'는 실험실의 원숭이를 통해 부와 명예를 얻었지만 '우울증'과 '알코올중독'에 찌들어 고통스러운 인생을 살았다. 그러나 그의 제자인 알렉산더는 주류 심리학계로부터 외면

당하는 시련을 겪었지만, 당당한 비주류의 길을 통해 '진리'를 향해 한 걸음씩 더 나아가고 있다.

비록 화려한 스포트라이트를 받지는 못했을지라도, 그의 이론은 인류의 소중한 자산이며, 그의 인생은 아름답고 건강하다.

당연하지 않은가?

그는 '죄의식'을 느낄 필요가 없는 당당한 '학자의 길'을 걸어왔으니까.

교묘한 양비론

한때, 자본주의의 문제점을 풍자하는 믿거나 말거나 시리즈가 유행한 적이 있었다. 예를 들면 "한 번만 이를 닦으면 코팅이 돼서 죽을 때까지 이를 닦지 않아도 되는 치약이 개발됐대. 그런데 치약회사하고 치과의사들의 압력 때문에 아직 세상에 나오지 못한대."와 같은 얘기들이다. 이런 소문은 '이윤만 추구하는 자본주의의 비인간성'과 '이를 닦기 귀찮아하는 사람들의 심리'가 서로 상승작용을 일으키며 사람들 사이로 재빠르게 퍼져나가곤 했다.

이런 '믿거나 말거나' 시리즈가 모두 사실은 아니겠지만 그 얘기들은 분명 무시할 수 없는 진실을 담고 있다. 미국 심리학계에서 '올드와 밀너'가 계속 유명세를 타는 동안 '알렉산더의 실험'은 정치적 이유로 인해 억압당했기 때문이다.

> 알렉산더 박사는 이따금씩 화가 난다. 그리고 정치적인 목적으로 마약 복용에 관한 중요한 과학지식을 억압하는 기존의 생의학계를 비난한다. 만일 쥐 공원 연구결과가 올바른 대접을 받았더라면, 지금쯤 도심의 빈민가가 정리되고 마약치료보다 교육기금 조성에 힘쓰는 정책이 수립되었을 것이다.(《스키너의 심리상자 열기》, 219쪽)

로렌 슬레이터의 정당한 지적처럼, 미국 주류사회가 '마약중독'이나 '범죄', '정신질환' 등을, 잘못된 사회적 환경 때문에 발생하는 것으로 받아들였다면 미국 지배층은 민중과 지식인들이 주장하는 강력한 '사회개혁 요구'를 받아들여야 했을 것이다. 그러나 만일 이런 일이 벌어진다면 제약회사들, 민영화된 교도소, 정신의학자, 심리학자 등의 수입은 크게 줄어들 것이다. 따라서 이들은 항상 한 마음 한 뜻이 되어 '알렉산더' 같은 사람을 찍어 누른다.

아마도 독점자본가들이 미국을 계속 지배하는 한, '생물학적 패러다임'은 영원히 미국의 주류 심리학계를 지배할 것이고, '장발장'은 자기 잘못(나쁜 유전자, 밥을 안 준다고 소동을 부린 위장) 때문에 빵을 훔친 범죄자로 매도당하게 될지도 모른다.

로렌 슬레이터 같은 심리학자가 용감하게 '알렉산더의 실험'을 소개했고 그녀의 책을 많은 대중들이 읽었으니 뭐가 좀 달라질 것이라고 기대를 해봐도 좋을까?

그런데, 그녀가 '알렉산더의 실험' 에 대해 트집을 잡는 모습을 보니 왠지 불안해지기 시작한다.

하지만 페인트칠 한 합판이나 풍부한 음식, 언제든지 쓸 수 있는 운동기구, 은빛으로 빛나는 강물을 보면, 그것이 '정상적인 환경' 이라는 생각은 들지 않는다. 오히려 우리가 살고 있는 현실세계에는 존재하지 않는 '완벽한 환경' 이라는 생각이 든다. 그것이 알렉산더 박사의 가장 큰 방법론적 결함일 것이다. 그는 천국을 창조하고서 그 안에서 생활하는 사람들이 행복하다는 것을 발견하였다. 하지만 지구의 어디에 천국이 있는가? 쥐 공원이 현실생활, 가능한 생활을 반영하는가? 아니면 지금 존재하지 않고, 과거에 존재한 적이 없으며, 앞으로도 존재하지 못할 순전한 신화의 세계 속에서만 중독을 피할 수 있음을 확인시켜 줄 따름인가?(〈스키너의 심리상자 열기〉, 229쪽)

내가, 쥐 공원 실험에 대한 로렌 슬레이터의 비판을 '트집' 이라고 생각하는 두 가지 이유가 있다.

첫째, '쥐 공원' 은 천국이 아니다.
쥐들에게 있어서 '쥐 공원' 은 실험실의 우리보다는 좋은 곳이겠지만 여전히 하나의 '편안한 감옥' 일 뿐이다. 나는 아무리 시설이 좋다고 해도 동물원에 갇혀 있는 동물들이 행복할 거라고는 생각하지 않는다. 때가 되면 먹이를 주고 병이 들면 치료해 주지만 그 동물들에게는 자유가 없다. 본성에 따라 살 수 있는 자유 말이다.

그렇기 때문에 호랑이는 동물원 사육사가 던져주는 고기를 받아먹을 때보다는 고생스럽더라도 직접 사냥을 할 때 더 행복할 것이다. 이런 관점에서 보면, 인간의 손길이 닿지 않는 야생에서 자기 본성대로 살아가는 동물들이 가장 행복하다고 할 수 있지 않을까?

'흰쥐'는 인간이 개량한 종이니 야생에 갖다놓으면 다 죽는다고? 그러니 '쥐 공원'이 천국이 맞다고? 물론 실험용 '흰쥐'는 야생에서 살아갈 수 없다. 그러나 흰쥐가 여전히 쥐의 본성을 가지고 있는 이상, 그들은 '쥐 공원'이라는 강요된 울타리를 벗어나고 싶어 할 것이다. 그러니 역시 '쥐 공원'은 일류 감옥일 뿐이다.

둘째, 사람이 '중독'을 완전히 벗어날 수 있는 '지상천국'을 건설할 수 있는가 없는가 하는 문제와 알렉산더의 '쥐 공원' 실험은 아무런 관계가 없다.

로렌 슬레이터는 인류역사를 허무주의적으로 바라보며 '이 세상에 천국 따위는 없다'고 야유한다. 그렇지만 사람들이 끝내 포기하지 못하는 것은 당장에 '지상천국'을 건설하겠다는 망상이 아니라 사회 속의 다수를 고통으로부터 구제할 수 있는 '사회개혁'에 대한 희망이다. 이런 사회개혁을 향한 인류의 노력에 동참을 하느냐 마느냐 하는 것은 전적으로 자기 선택에 달린 문제이다. 그러나 오늘보다 더 나은 삶을 향해 전진하는 인류 앞에 '아무리 그래봤자 다가올 세상은 천국이 아니야'라며 배부른 조롱을 보낼 필요까지는 없지 않은가?

알렉산더를 칭찬하고 그를 억압한 미국 주류를 비판하다가 갑자기 태도를 바꿔 알렉산더를 비판하는 로렌 슬레이터의 마음은 도대체 뭘까?

나는 양쪽에서 나올 것이 분명한 비방들을 듣고 싶지 않다. 진정한 마약전쟁은 거리가 아니라 과학자들끼리 비난을 퍼붓고 자신이 추구하는 질문에 도취되어 강박적으로 연구에 심취하는 학계에 있을지도 모른다.(《스키너의 심리상자 열기》, 231쪽)

물론 논리상, 그녀가 싸잡아 비난하는 '학계' 에는 '알렉산더' 도 포함된다.

그러나 그녀는 정말로 모르는 것일까? 중립을 가장한 '양비론' 이나 '싸잡아 공격하기' 가 항상 약자와 비주류의 급소를 찌르는 지식인들의 약삭빠른 위장술에 불과하다는 것을.

아니면 혹시 그녀 또한 알렉산더를 일방적으로 지지했다가는 미국의 주류 심리학계로부터 비난을 받을까봐 두려워하는 것인가?

실제로 약물중독은 화학적인 문제이고, 자유의지와 책임감, 강박과 결핍과의 관계 그리고 우리가 그것을 창의적으로 보상하느냐 못하느냐와 접점을 이루고 있다.(《스키너의 심리상자 열기》, 231쪽)

로렌 슬레이터의 결론은 '이런저런 이론' 을 횡적으로 나열하는 것으로 마무리된다. 그녀처럼 이것저것 다 언급하며 뒤죽박죽 섞어놓는 것이야말로 미국 심리학자들의 전형적인 결론 서술방식이다. 그러나 그들의 애매한 결론은 여러 이론으로부터 쏟아질지도 모르는 비난을 사전에 예방하려는 '보신주의' 의 표현이며, 사회문제를 정면으로 건드리지 않기 위해 사용되는 비겁한 회피수단일 뿐이다.

나는 한국 사람이니까 과감하게 좀 도식적인 예를 가지고 알렉산더의 실험에 대한 결론을 내려야겠다.

만약 어떤 사회에 마약중독자가 천 명이 있다고 하자.

1. '사회개혁' 을 통해 건강한 사회를 만든다면 : 700명 이상이 중독을 벗어난다.
2. '심리학자들' 을 지원해 마약중독자를 돕는다면 : 200명 이상이 중독을 벗어난다.
3. '마약중독' 을 치료하는 약을 개발한다면 : 100명 이상이 중독을 벗어난다.

나는, 심리학자이기 때문에, 제대로 된 '사회개혁' 만 하면 모든 사람이 마약중독에서 벗어날 것이라고 주장할 생각은 추호도 없다. 그때에도 '개인차' 문제로 인해 여전히 많은 수는 마약중독에 빠져 있을 것이기 때문이다.

그러나 그것을 핑계로 삼아 '마약중독' 을 일으키는 '일차적 원인' 이 사회에 있음을 부정하는 비겁한 거짓말은 절대로 하지 않을 것이다.

여전히 나는 대다수의 '장발장' 을 범죄자로 만드는 것은 '사회' 라고 굳게 확신하고 있기 때문이다.

제8장

'억압' 된 기억의 희생자

로프터스

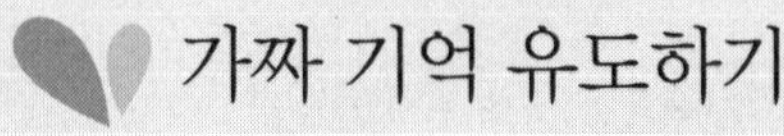

가짜 기억 유도하기

일반적으로 사람들은 자기 '기억'을 신뢰한다.

만일 기억을 신뢰할 수 없다면 '내가 누구인지', '오늘은 무슨 일을 해야 하는지' 등을 알 수 없으니, 삶의 연속성이 파괴될 것이기 때문이다. 물론 사람들의 '기억' 중에는 '정확한 사실'도 있지만 부분적인 오류나 왜곡도 있다. 누구나 이것을 알고 있지만 '기억이 오류를 포함하고 있다는 사실' 때문에 심각하게 고민까지 하는 경우는 별로 없을 것이다.

그런데 미국의 심리학자 엘리자베스 로프터스(Elizabeth Loftus)는 이 문제에 대해 매우 심각하게 고민하기 시작했고 그것에 몰입하기 시작했다.

그녀는 1990년에 어떤 사건을 맡은 변호사로부터 증언요청을 받았다. 그 사건의 피고인은 63세인 조지 프랭클린이라는 사람이었는데, 그의 딸은 20여 년 전 아버지가 자기의 친한 친구를 강간, 살해한 기억이 났다고 주장하고 있었다.

로프터스 교수는 이 사건에 증인으로 나섰으나 그녀의 주장은 인정되지 않았다.

왜냐하면 다수의 심리학자들은 과거 기억의 '재생가능성'을 인정하는 편이기 때문이다.

순간적으로 접근불가능하던 기억을 적절한 인출단서를 통해 기억해내는 일은 흔히 일어난다. … 때때로 이러한 효과는 매우 극적으로 나타난다. 어떤 사람들은 수년 전에 떠난 고향의 아주 단순한 지리도 회상할 수 없다고 보고하기도 한다. 나중에 고향을 방문할 때, 고향마을 어귀에 도달하자마자 갑자기 모든 기억이 오래 전에 느꼈던 격렬한 감정과 함께 홍수같이 쏟아져 나온다.(〈심리학〉, Henry Gleitman/장현갑 외 공역, 시그마프레스, 1999, 340~341쪽)

그러나 로프터스는 오랜 시간동안 망각되어 있다가 불현듯 떠오른 기억은 정확하지 않을 수 있다고 주장한다.

"정신적 충격이 되는 사건을 목격하고 나서 그것을 완전히 잊었다가 수십 년이 흐른 후에 갑자기 기억이 떠오른다고요? 저는 세세한 일들이 완전히 묻혀 있다가 섬광처럼 마음 위로 떠올랐을 때 그 기억이 온전히 남아 있다고 생각하지 않습니다."(〈스키너의 심리상자 열기〉, 로렌 슬레이터/조증열 역, 에코의 서재, 2005, 238쪽)

로프터스의 주장에도 일리는 있다. 먼 과거의 기억이 아주 세세한 것까지 '온전'하고 '정확'하게 남아 있지 않을 가능성은 항상 있기 때문이다.

여기까지면 괜찮다. 그러나 그녀는 여기서 한 걸음 더 나아갔다.

그녀는 사람의 기억이 유도질문이나 암시, 최면 등에 의해 쉽게 왜곡되고 조작될 수 있음을 증명하기 위해 실험에 착수한 것이다.

로프터스는 '쇼핑몰에서 길을 잃다' 라는 실험을 진행했다.

로프터스 교수는 … 24명의 피험자를 모집했다. 그리고는 피실험자의
가족에게서 들은 실제 있었던 그들의 어린 시절에 관한 추억 세 가지와
그들이 쇼핑몰에서 길을 잃었다는 가짜 기억 한 가지를 적은 작은 소책
자를 준비했다. 실험에 참가하겠다고 동의한 가족 구성원들이 만들어
낸 가짜 기억은 단 한 문단밖에 되지 않았다. 실험실에 온 피실험자들
은 소책자를 읽은 후에 자신이 직접 기억하는 내용을 상세히 적어 보라
는 지시를 받았다. 아무런 기억이 나지 않으면 기억나지 않는다고 적으
면 되었다. 실험결과 중에서 교수를 가장 놀라게 한 것은 통계적으로
유의미한 수치가 아니라 가짜 기억과 관련된 너무나 상세한 묘사였
다.(〈스키너의 심리상자 열기〉, 242쪽)

실험결과에 의하면, 피실험자의 25퍼센트는 '쇼핑몰에서 길을 잃
은 가짜 기억'을 진짜라고 주장했다. 로프터스는 매우 만족해하며
1993년에 '쇼핑몰에서 길을 잃다' 실험연구 결과를 〈아메리칸 사이콜
로지스트〉 지에 발표했다.

그러나 이것은 통계적으로 보더라도, 실험자의 75퍼센트가 이야
기를 지어내지 않았기 때문에 '기억은 신뢰할 수 있다'고 해석하는 것
이 더 타당하다.

그러나 로프터스 교수는 쉽게 포기하지 않는다. 그녀는 브리티시
컬럼비아 대학의 '스티브 포터' 전 교수의 사례를 언급한다.

포터 교수는 약 50퍼센트의 피실험자들이 어렸을 때 포악한 동물로부
터 공격을 받아 겨우 살아난 적이 있다는 거짓 기억을 털어놓게 만들었

다.(〈스키너의 심리상자 열기〉, 245쪽)

그런데 25%건, 50%건 간에, 로프터스는 '기억은 신뢰할 수 없다'
는 것만 강조할 뿐 사람들이 '왜 가짜 기억을 받아들이는지' 에 대해서
는 별로 관심이 없는 듯하다.
정말로 중요한 문제는 그것일 텐데….

'인지 부조화 이론' 의 아류

사람들이 유도질문이나 암시, 최면 등에 의해 가짜 기억을 진짜라
고 주장하게 되는 이유는 무엇일까? 내 생각에, 그것은 페스팅거의
'인지 부조화 이론' (제5장 참조)에 의해 설명될 수 있다.

예를 들어 '쇼핑몰에서 길을 잃다' 실험에 참가한 사람들이, 소책
자를 통해 자기가 어렸을 때 쇼핑몰에서 길을 잃었던 적이 있다는 것
을 알게 되었을 때, 그들은 '인지 부조화' 를 경험하게 되었을 것이다.
즉 '쇼핑몰에서 길을 잃었던 기억이 없다' 는 사실과 '너는 쇼핑몰에
서 길을 잃은 적이 있다' 는 암시 사이에 갈등이 일어난다. 이럴 경우
일부 사람들은 인지 부조화를 해결하기 위해 '거짓말' 을 지어낼 수 있
다.

이미 앞에서 살펴보았듯이, '인지 부조화'가 일어났을 때 '거짓말'을 하는 사람은 '정서적인 문제'를 안고 있는 '심리적으로 건강하지 못한 인격체'이다.

- 건강한 인격체 : '인지 부조화' 상황에서 '자기 합리화'를 하지 않으므로 가짜 기억을 지어내지 않는다(글쎄, 그런 일이 있었나? 하지만 기억이 나지 않는데…).
- 건강하지 못한 인격체 : 인지적 갈등 때문에 야기된 정서적 문제(과거 일을 기억하지 못하는 데 따른 부끄러움, 실험자에게 잘 보이고 사랑받고 싶어 하는 욕구, 자신감이 부족한 '미숙한 자기'를 직면하게 되는 불안 등)를 '의도적인 거짓말'을 함으로써 해결하려고 한다.
- 정신건강이 지극히 나쁜 사람 : 암시에 의해 유도된 가짜 기억을 진짜로 믿는 '인지왜곡'을 일으키며 그것에 상상을 첨가하는 '망상'까지 나아간다.

이런 점을 고려하면, 로프터스의 실험은 사실상 '가짜 기억 이식 실험'이라기보다는 '인지 부조화 이론'을 증명하는 것이라고 보아야 한다. '인지 부조화'를 해결하기 위해 '자기 합리화'(거짓말)를 하는 것이나 '가짜 기억을 인정'하는 것이나 본질은 같기 때문이다.

로프터스 교수가 언급한 다음 사례 또한 이를 잘 보여준다.

워싱턴 주의 올림피아에 사는 폴 잉그램(41세)이라는 사람이 있었다. 그의 두 딸은 고해성사와 비슷한 것을 하던 중 아버지에게 강간당

했던 기억이 떠올랐다. 체포된 잉그램은 처음에는 범행을 부인했으나 형사들의 강압적인 취조와 유도심문을 받게 되자 '두 딸을 강간' 했으며, 자기가 10년 넘게 사탄을 숭배하는 광신도 집단에 몸담았다고 자백했다. 이 사건을 알게 된 로프터스는 자신의 동료이자 피암시성 전문가인 '리처드 오프시' 를 파견했다. 그는 잉그램에게 '아들과 딸에게 서로 성행위를 하라고 시켰다' 는 가짜 기억을 주입하려고 시도했다. 처음에는 기억이 나지 않는다며 울부짖던 잉그램은, 다음날이 되자 또다시 모든 것을 자백했다. 그는 그때의 느낌을 자세히 묘사하기도 했다.

비록 로프터스는 이것을 '가짜 기억이 주입' 된 사례로 언급하지만, 진실은 다른 곳에 있다. 잉그램은 심한 '정신병 환자' 일 따름이다. 그리고 이런 사람들은 현실과 상상을 뒤섞어 사고하며, '자기 기억' 을 좀처럼 신뢰하지 않는다. 그러니 실험자가 유도하는 대로 가짜 기억을 진짜라고 믿고 그것에 살을 붙여 '망상' 까지 하게 되는 것이다.

어쨌든 로프터스가 진행한 여러 실험들을 아무리 들여다보아도 다음과 같은 '극단적인 결론' 을 내리는 것이 가능하다는 생각은 들지 않는다.

"가짜 기억은 자신이 신뢰하는 가족 구성원의 작은 암시에 의해서도 만들어질 수 있다. 그것은 다른 사람의 거짓말이나 심리학자의 암시에 의해서도 가능하다. 따라서 가짜 기억이 심어질 수 있다는 사실은 어린 시절 성폭력을 당한 기억이 사실인지 거짓인지를 말해 주지 못하며, 우리가 실제 사건과 허구의 사건을 어떻게 구분할 수 있는가에 관해서도 아무런 정보를 제공하지 못한다. 기억이 얼마든지 달라질 수 있다는 연구결과는 자기 계발서들이 권장하거나 일부 심리학자들이 제시하는 지시들이 옳지 않음을 제기한다.”(《스키너의 심리상자 열기》, 252쪽)

‘네 진짜 아버지는 옆집 아저씨다’, ‘사실 너는 미국사람이다’, ‘우리나라 이름은 일본이다’ 라는 따위의 거짓말도 이식할 수 있을까? 인지과정이 심각하게 망가진 일부 극단적인 사람들을 제외한다면, 당연히 이런 거짓 기억들은 사람들에게 이식되지 않을 것이다.

로프터스의 억지주장은 평소에 거의 만점을 받는 학생에 대해, 그가 ‘90점 혹은 80점을 받는 경우’ 도 있으니까 그 학생은 ‘우등생이 아니라 열등생’ 이라고 우기는 것과 같다.

따라서 독자들은 로프터스의 주관적이고 극단적인 결론에 현혹되지 말고 차라리 다음과 같은 ‘심리학 개론서’ 의 결론을 참고하기 바란다.

확실히 세부사항에 대한 사람들의 기억은 오류가 많지만, 요점만을 회상할 때는 거의 문제가 되지 않는다. 많은 상황에서 기억하기의 궁극적 목적은 진술의 세부적인 표현방식이 아니라 그 진술이 무엇에 관한 것인지를 기억해내는 것이기 때문에 해로울 것이 없다.(《심리학》, 358쪽)

 ## '억압'은 존재하는가?

나는 처음에, 로렌 슬레이터가 어째서 '로프터스의 실험'을 '세상을 놀라게 한 20세기의 심리실험 10가지' 중의 하나로 꼽았는지 잘 납득이 되지 않았다(물론 〈스키너의 심리상자 열기〉라는 책에 등장하는 일부 다른 실험들도 그렇지만).

그렇지만 최선을 다해 생각을 해보니, 그녀가 '로프터스'의 실험을 자기 책에다 자세히 소개한 것은 다음과 같은 이유에서인 것 같다.

첫째, '사람에 대한 냉소적이고 허무주의적인 시선'을 가지고 있는 로렌 슬레이터의 취향에 부합되었기 때문이다.

사람의 '결점'을 확대해석하고 그것에 기초해 사람을 불신하고 냉소하는 로렌 슬레이터의 태도는 내내 우리를 불편하게 만든다. 가짜 기억이 주입된 일부 피실험자들의 모습을 보고는, 그 원인을 진지하게 규명하는 대신, '역시 사람의 기억은 신뢰할 수 없어'라고 되뇌는 '로프터스'에게 은근히 동조하는 그녀의 태도 역시 이와 같은 데 원인이 있을 것이다.

로프터스 교수는 우리에게 기억 이상의 것을 이야기해 준다. … 우리의 과거가 얼마나 짜깁기된 모방물인지, 또 우리 모두가 얼마나 현실과 막연한 관계밖에 나눌 수 없는 이미지의 예술가들인지 말이다.

…

챌린저호가 폭발했을 때 나는 언니와 터프츠 대학의 카페테리아에 앉
아 황갈색 빵 껍질 사이로 조갯살과 상추가 비죽 나와 있는 참치 샌드위
치를 먹고 있었다. … 나는 언제나 그 기억을 간직하고 있는데, 이제는
아무 것도 확신하지 못하겠다.(〈스키너의 심리상자 열기〉, 255/263쪽)

부디 그녀가 자신이 ‘로렌 슬레이터’라는 것을 회의하는 데까지
는 이르지 말기를 바란다. 또한 많은 부분 자신의 기억력에 근거해서
썼을 자기 책의 내용들을 불신하는 지경에까지 이르지는 않기를….

둘째, ‘정신분석학’에 대해 적대감을 가지고 있는 로렌 슬레이터
의 입장을 ‘로프터스의 실험’이 지지해 주기 때문이다.

그녀는 한 단계 더 나아가 억압과 관련된 프로이트의 이론 전체에 도전
했다. … 우리가 접근하는 것은 절반은 꿈이고 절반은 꾸며진 전혀 신
뢰할 만한 것이 아니라고 했다. 교수는 일거에 정신분석의 아버지 프로
이트의 심장에 말뚝을 박아 버렸다.(〈스키너의 심리상자 열기〉,
247/256쪽)

프로이트가 흡혈귀도 아닌데, 아무리 미워도 심장에 말뚝까지 박
을 필요까지 있을까? 어쨌든 일부 미국의 실험심리학자들은 프로이트
를 지나치게 미워하는 것 같다(그들의 적대감은 프로이트에 대해 비판
적인 나마저도 깜짝깜짝 놀라게 할 정도다).

프로이트가 말한 ‘억압’의 개념을 내 방식대로 재해석해 보자면

이렇다.

‘억압’ 이란 직면하고 싶지 않은 기억이 떠오르는 것을 회피하기 위해 의식적 혹은 무의식적으로 억누르는 것이다. 이때 ‘직면하고 싶지 않은 기억’ 이란 대개 심한 정신적 충격(특히 정서적 충격)을 야기한 사건과 관련된다. 이런 사건이 의식의 표면에 떠올라 그것을 에누리 없이 직면하게 되면 심리적으로 너무 고통스럽기 때문에 ‘억압’ 을 하게 되는 것이다.

‘억압’ 은 대체로 두 가지 경로를 통해 발생한다.

그 중 하나의 경로는 ‘자연스런 망각’ 이다. 예를 들어 어린 아이들이 부모에게 심하게 매를 맞거나 혼났을 때, 그런 경험은 일부러 노력하지 않아도 시간이 흘러가면 서서히 잊혀진다. 그러나 이런 경우에도 과거의 경험을 떠올리는 것은 때때로 방해(약한 억압)를 받는데 그것은 그 경험이 ‘당시의 불쾌한 감정’ 을 재현시키기 때문이다.

또 다른 경로는 ‘무의식적 억압’ 이다. 이것이 프로이트가 말한 전형적인 ‘억압’ 에 해당되는 것으로 심한 정신적 충격을 받는 경우에 발생한다.

로렌 슬레이터가 인용한 다음의 사례가 이를 이해하는 데 도움이 될 것이다.

네덜란드인 정신의학자 반데르 콜크는 ‘몸이 기억한다’ 고 믿는다. … 누군가에게 정신적 충격이 되는 사건이 일어나면 그것은 한 개인이 감당하기에 너무 큰 일이라 정상적인 언어수단으로는 납득이 되지 않는다. 그렇기 때문에 사건에 대한 기억은 두뇌의 비언어적 부위인 체감각 대뇌피질(somatosensory cortex)에 저장된다. 그곳은 기억이 근육통처럼 존재하는, 찌르는 듯 아프지만 말로는 형언할 수 없는 공포가 밀려오는 곳, 자신이 본 것을 마음이 언어로 표현하기 이전에 떠올랐다가 산산이 분해되는 곳이다. 그의 말에 따르면, 말로 표현되지 못한 정신적 충격을 두뇌의 이야기 회로 속으로 밀어 올리는 것이 치유 작업이다.(《스키너의 심리상자 열기》, 260쪽)

그러나 일부 심리학자들은 충격적인 경험이 모두 '억압'을 낳지는 않는다며 이 개념에 의문을 제기해 왔다.

맞는 말이다.
심리적으로 건강한 사람들은 '억압'을 거의 하지 않는다. 그러나 '자아의 힘이 약한 사람', '심리적으로 건강하지 못한 사람'들이 충격적인 경험을 무의식 깊숙이 밀어 넣는 경우는 흔하다. 자아가 힘을 가지기 어려운 어린 시절의 충격적인 경험이 주로 '억압'의 대상이 되는 것은 바로 이런 이유에서이다.

'억압의 증거가 없다'는 일부 실험심리학자들의 주장을 접하는 대다수의 정신의학자들이나 임상심리학자들은 어처구니없는 표정을 지을지도 모른다. 프로이트의 이론을 액면 그대로 믿든 비판적으로 받아들이든 상관없이, 그들은 날마다 만나는 '환자'들로부터 '억압'의 증거를 끊임없이 확인하고, '억압'을 제거함으로써 치유작업을 진행하고 있기 때문이다.

게다가 '억압'이 존재하며 그것이 제대로 다뤄지지 않으면 얼마
나 위험한지를 '로프터스'만큼 잘 보여주는 예도 드물다.

 ## '억압'된 기억의 희생자

로프터스 교수는 사랑은 전혀 가르쳐 주지 않고 오로지 각도만을 가르
친 냉정한 아버지 밑에서 자랐다. … 그녀의 어머니는 좀 더 부드럽고,
극적이었으며, 심한 우울증을 앓으셨다. 교수는 모든 이야기를 털어놓
으면서도 자신의 감정을 거의 보여주지 않았다.
"지금은 아무런 감정도 느껴지지 않아요. 하지만 적절한 장소다 싶으면
눈물이 나지요." (《스키너의 심리상자 열기》, 253쪽)

냉정한 로프터스의 아버지 때문인지는 몰라도 감정이 풍부한 그
녀의 어머니는 심한 우울증을 앓고 있었다. 그러던 어린 시절의 어느
날을, 로프터스 교수는 뚜렷이 기억한다. 왜냐하면 아마도 그 날의 일
이 어머니의 죽음과 연관이 있을 것으로 추측되기 때문일 것이다.

로프터스 교수는 아버지가 자신에게 연극을 보여주신 날을 기억한다.
연극을 보고 집으로 돌아오던 날 밤 아버지가 차 안에서 이렇게 말씀하
셨다.

"있잖니. 어머니에게 안 좋은 일이 생겼단다. 건강이 다시는 좋아지지 않을 거야."

아버지의 말씀이 옳았다. 어머니는 그녀가 열네 살 때 수영장에 빠져 돌아가셨다. 어느 여름날, 수심이 깊은 물속에 얼굴을 묻은 시체가 발견된 것이었다. 방금 전에 떠오른 태양 때문에 하늘은 핏빛과 푸른빛으로 뒤섞여 있었다. 로프터스 교수는 그날의 충격과 사이렌 소리를, 그리고 "엄마, 엄마."라고 외치는 자신의 입에 씌워진 산소마스크를 기억한다.(〈스키너의 심리상자 열기〉, 254쪽)

두 번 다시 되새기기 싫었을 법한 충격적인 사건을 겪으면서, 어린 로프터스는 여러 가지 생각을 했을 것이다. 그녀는 '연극을 보고 돌아올 때 한 아버지의 말' 때문에 혹시 '아버지가 어머니를 죽이지 않았을까?' 라는 의심을 했을 수도 있다. 혹은 그렇지는 않더라도 적어도 '냉정한 아버지가 어머니를 죽음으로 내몰았다' 는 생각은 했을 가능성이 많다.

그렇다면 어린 로프터스는 냉정했던 '아버지' 에 대해 정말 많이 화가 났을 것이다. 그녀가 사람들의 통념을 깨는 데 집착하고 사회에 반항적으로 도전했던 것은 아마도 이와 관련이 있을 것이다.

그녀에게 있어서 이 세상은 정말로 비이성적이고 위험한 곳이었기 때문이다.

"우리는 마녀 재판 때와 같은 광기와 미신적 열기가 활활 타오르는 이상하고 위험한 시대를 살고 있다." …

그녀는 사격 강좌를 신청하여 들었고 총 쏘는 방법을 적은 종이를 책상 위에 지금까지 붙여두고 있다.(〈스키너의 심리상자 열기〉, 252쪽)

로프터스가 총 쏘는 방법을 책상 위에 붙여두고 있는 것은 아버지의 상징인 '위험한 사회' 의 공격으로부터 자기를 보호하기 위해서일 것이다. 그러나 만일 어린 시절의 그녀가, '아버지가 어머니를 죽였을지도 모른다' 는 의심을 했었다면, 그 공포감정의 뿌리는 분명히 무의식의 더 깊은 곳에 위치하고 있을 가능성이 많다.

어린 로프터스에게 있어서, 어머니를 죽였을지도 모르는 아버지와 지내야 했던 하루하루는 얼마나 화가 나고 힘들었을까? 그녀에게 혹시 '아버지가 나도 죽이지는 않을까?' 라는 두려움과 의심은 없었을까?

이런 심리적 문제를 해결하려면 성인이 된 뒤에 자기 과거를 차분하게 되돌아보고 재정리해야 한다. 그러나 로프터스는 그렇게 하지 않은 것 같다. 왜냐하면 로렌 슬레이터와 나눈 다음의 대화로 미루어 볼 때, 그녀는 과거의 사건을 직면하지 않고 회피하기 위해 '일' 로 도망치고 있다는 것이 분명하게 드러나기 때문이다.

"전 엄마를 사랑했어요."

"자살이었나요?" 라고 내가 묻자 그녀가 대답했다.

"아버지께서는 그렇게 생각하세요. 오빠와 저는 매년 크리스마스 때마다 집에 가서 그 생각에 잠겨요. 알 수 없는 일이죠. … 하지만 그것은 중요하지 않아요."

"무엇이 중요하지 않다는 건가요?"

"그것이 중요한지 안 중요한지가요. 그것은 중요하지 않아요. 모든 일이 잘 되어가고 있으니까요."

… "다행히도 저에겐 할 일이 있네요.

… 일이 없으면 제가 어디에 존재하겠어요?"(〈스키너의 심리상자 열기〉,
254~255쪽)

로프터스는 결국 자기의 심리적인 문제점을 해결하지 않았기 때
문에 강박적으로 일에 집착하는 '일중독' 에 빠져들었다.

"남편은 내가 일을 쉬지 못해서 떠났어요. 그는 휴가를 떠나고 싶어 했
고, 정상적인 삶을 원했거든요. 하지만 저에게 놀이란 컴퓨터 앞에 앉
아 일 생각을 하는 것이에요."
교수에게는 남편도, 아이도 없다. 그녀는 그것이 후회스럽다고 이야기
한다.(〈스키너의 심리상자 열기〉, 264쪽)

지금까지의 흐름에 비추어 보면, 그녀가 '가짜 기억 고소사건' (로
프터스의 입장에서는)으로 흩어진 가족들을 재결합시키는 데 집착한
것은, 그녀의 마음속에 있는 '어머니의 사랑을 받고 싶은 욕구' 와 '어
머니를 구하지 못한 데 대한 죄책감' 때문인 것 같다. 그녀가 어머니
에게 쓴 편지는 이런 전후사정을 잘 보여준다.

저는 연구나 강의를 하지 않을 때 잘못 기소된 사건을 연구하며 시간을
보내요. 물론 제가 돕는 사람들이 범인이 아니라 기소가 잘못된 것이라
고 확신하지는 못해요. 하지만 전 기소가 잘못될 수 있다는 가능성을
완전히 배제시킬 수가 없어요. 그래서 사람들을 돕지 않을 수 없죠. 제
가 잠시라도 손을 놓으면 죄책감이 느껴져요.
제가 왜 그렇게 일에 중독이 되었냐고요? 일을 하면 고통스러운 생각을
떨칠 수 있느냐고요? 그렇지 않으면 잃어버릴 수 있는 인생의 중요한

의미를 깨닫느냐고요? 전 지금 일 때문에 너무 바빠 제가 무엇을 잃고 있는지조차 생각할 시간이 없어요. 가족의 사랑, 친밀감. 제가 그리워하는 것은 그것이죠. 어머니도 그럽고요.

어머니, 영원히 사랑해요.(《스키너의 심리상자 열기》, 266~267쪽)

아마 정신분석가들은 '로프터스'의 인생 얘기를 조금만 들으면 그리 어렵지 않게 그녀의 '심리적 문제점'을 간파할 수 있을 것이다. 모름지기 그녀 또한 주변 사람들(동료 심리학자 포함)로부터 '정신분석' 치료를 받아 볼 것을 권유받았을지도 모른다. 그러나 그녀는 과거의 기억을 '불신'하니, 정신분석을 신뢰하지 않을 것이고 따라서 치료받기를 거부했을 가능성이 많다.

비록 나는 프로이트의 정신분석이론에 많은 결함이 있다고 생각하지만, '로프터스'가 실력 있는 정신분석가를 만난다면 분명히 아주 큰 도움을 받을 거라고 확신한다. 왜냐하면 적어도 그들은 그녀로 하여금 자기 과거를 정직하게 직면하도록 도와줄 것이기 때문이다.

그러니, 로렌 슬레이터 또한 '그녀가 자신의 배를 제대로 조종하고 있다는 생각이 안 든다. 그녀는 이상한 말을 내뱉고, 사무실 벽에 사격 강좌에서 배운 총 쏘는 방법을 적어놓고 있지 않은가'라고 말하는 데 그치지 않고, 로프터스에게 심리치료를 받도록 권유했어야 하지 않을까?

로프터스는 어린 시절의 어떤 기억이 떠오르는 것을 회피하기 위해 일중독에 빠져들었고, 직면하기 싫은 기억을 효과적으로 부정하기 위해 '사람의 기억은 신뢰할 수 없다'는 이론을 억지로 만들어 냈다

(이는 개인의 심리적 문제로 인해 이론의 과학성이 훼손된 분명한 사
례라고 생각된다).

그러나, 그녀가 자기도 모르는 무의식적인 힘에 떠밀려 '일중독'
속으로 점점 깊이 빠져들고, 자기의 과거를 덮어 두기 위해 강박적으
로 '억지 이론'을 만드는 모습을 보면 프로이트는 뭐라고 할까? 하도
답답해서 심장에 박힌 말뚝을 뽑고 벌떡 일어나지 않을까?

불행한 과거는 행복한 미래에로의 발걸음에 채워진 무거운 족쇄이다.
… 마음의 상처를 치료하려는 의지가 강할수록 회상은 더 쉬워진다. 자
신의 문제를 회피하지 않고 정직하게 직면하기 시작하면 까마득하게
잊혀졌던 기억들이 떠오르고 뱃속깊이 묻혀있던 아픔들이 되살아날 것
이다. 이 과정에서 삶이 무겁고 힘겨울 때 자신을 격려했던 부모님의
다정한 얼굴이 되살아나기도 할 것이고, 마음속 깊이 숨어 있는 외딴 방
에서 혼자 슬피 울고 있는 어린 자신을 발견할 수도 있을 것이다. 그러
나 그것이 어떤 것이든 잊혀진 어린 시절에 대한 회상은 치유적 효과가
있다.(〈부모-나 관계의 비밀〉, 김태형 · 전양숙, 새뜰심리상담소, 2005,
115~116쪽)

나는 가능하면 빠른 시간 안에, 로프터스 교수가 잠시 일손을 놓고
자기를 성찰해 보는 기회를 가졌으면 좋겠고, 그녀가 그리도 싫어하는
'정신분석이론'의 도움도 한번 받아보았으면 하고 생각한다.

아무리 열심히 뛰어도 과거로부터 도망칠 수는 없고, 더욱이 '기
억은 신뢰할 수 없다'는 이론을 만든다고 해서, '자기 기억'을 없애버
릴 수 있는 것도 아니기 때문이다.

엘리자베스 로프터스 교수.

　그녀에게는 분명히 기억하고 싶지 않은, 직면하고 싶지 않은 과거의 기억에 대한 '억압'이 존재한다.

제9장

21세기의 프랑켄슈타인 박사

칸델

# 프랑켄슈타인 만들기

　자연과학의 발전은 인류에게 크나큰 편리와 지혜를 주었지만, 과학자들로 하여금 잘못된 '기계적 인간관'을 가지게 만드는 부작용도 낳았다.

　기계적 인간관이 전형적으로 등장하기 시작한 것은 16~17세기에 있었던 자연과학의 눈부신 발전과 관련된다. 특히 당시 '역학' 분야에서의 과학적 성과는 기계의 발전을 촉진하였는데, 이것은 모든 현상을 '기계적 운동'과 같은 것으로 고찰하는 견해를 낳았다. 이후 17~18세기의 형이상학적 유물론자들인 영국의 '홉스'나 프랑스의 '라메트리' 등은 사람을 '가장 복잡한 기계'라고 생각했다.

　기계적 인간관은 사람의 정신현상까지도 기계적 운동을 한다고 이해한다. 이러한 기계적 인간관은 긴 시간 동안 서구의 과학자들에게 커다란 영향을 미쳐 왔고 오늘날의 심리학자들에게도 심각한 악영향을 미치고 있다.

　기계적으로 인간을 바라본다는 것은 예를 들자면 다음과 같은 것이다.

　자동차는 아주 많은 부품으로 이루어져 있고, 그 부품들이 톱니바퀴처럼 맞물려 움직임으로써 작동한다. 따라서 자동차에 대한 이해는,

그것을 완전 해체하여 각각의 부품들과 그것이 다른 부품들과 어떤 식으로 결합되어 있는지를 정확히 파악하는 과정을 통해 도달할 수 있다. 이와 마찬가지로 인간도, 그 육체를 구성하는 각각의 해부학적 구성요소(부품)에 대한 지식을 축적함으로써 이해할 수 있다.

이러한 견해에 기초하여 서구의 과학자들은 인체를 낱낱이 해부하여 거의 완벽한 부품도(지도)를 그려냈다.

그리고 과학자들은 이제 인간에 대해 모든 것을 알게 되었다며 뿌듯해했다.

과연 그들의 주장이 옳을까?

기계적 인간관을 철석같이 믿고 이를 증명하기 위해 달려든 과학자가 있다.

제네바의 물리학자 프랑켄슈타인 박사는 죽은 지 얼마 되지 않은 사람들의 몸에서 뜯어낸 '싱싱하고 튼튼한 부품들'로 새로운 사람을 정밀하게 조립했다. 그리고는 그 조립품에 에너지를 집어넣음으로써 드디어 '새 생명'을 창조했다. 박사의 손끝에서 탄생한 새 생명체는 키가 8피트(244cm)에 이르렀고 괴력을 발휘할 수 있는 건장한 육체를 가졌다. 그런데 시간이 흐르면서 박사는 점점 당황하기 시작했다. 프랑켄슈타인(박사의 이름을 딴 조립인간)이 정상적인 사람 구실을 못했기 때문이었다. 그제서야 박사는 조립을 통해서는 사람의 육체는 만들 수 있을지언정 정신이나 영혼은 만들어낼 수 없다는 것을 처절히 느꼈다.

물론 이것은 영국의 여류작가 M.W. 셸리가 1818년에 발표한 '프랑켄슈타인' 으로 알려진 괴기소설에 나오는 허구적인 이야기이다. 그렇지만 이 소설은 '기계적 인간관' 의 입장과 오류를 아주 명쾌하게 풍자한다(많은 공포영화에 등장하는 정신 나간 과학자들의 대부분이 거의 다 이런 부류이다).

어쨌든 '프랑켄슈타인의 실패' (?)를 통해 과학자들은 '새로운 핵심부품' 에 주목하기 시작했는데 그것은 정신, 마음을 담고 있는 것이 분명한 '뇌' 라는 부품이었다.

이제 과학자들은 정밀한 인체해부도를 그려 냈던 선배들의 뒤를 따라 '뇌 속의 작은 부품들' 을 연구하며 '뇌 지도' 를 완성하기 위해 전력 질주하고 있다.

언젠가 '뇌 지도' 만 완성된다면 프랑켄슈타인의 오류를 뛰어넘어 의식이 있는 완전한 '인간' 을 창조할 수 있을 거라는 장밋빛 환상과 함께….

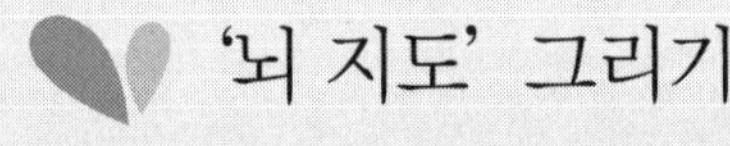

♥ '뇌 지도' 그리기

사람의 정신(심리)현상을 담당하는 인체기관은 '뇌' 이다.

과학자들은 '뇌 손상' 환자나 '뇌 수술' 을 받은 환자에 대한 관찰에 기초해 뇌의 특정 부위와 특정한 정신현상 간의 관련성을 추적해 왔다. 예를 들면 1953년, '헨리' 라는 환자는 간질발작을 치료하기 위해 '해마' 를 제거하는 수술을 받았다. 그런데 수술 후 헨리는 기억능력을 상실했다. 즉 수술 전의 일들은 기억을 했지만 수술 이후의 사건은 전혀 기억을 하지 못했던 것이다. 이것은 헨리에게는 크나큰 슬픔이었겠지만 과학자들에게는 커다란 희망을 안겨 주는 사건이었다. '기억' 이 '해마' 라는 뇌 부품과 관련이 있음이 증명되었기 때문이다.

'기계적 인간관' 의 충실한 계승자인 에릭 칸델(Eric Kandel)도 뇌 부품에 대한 연구를 통해 인간을 이해할 수 있다고 믿는다.

에릭 칸델은 자신이 환원주의자라는 사실을 아무런 거리낌 없이 드러낸다. … 그는 "마음의 문제에 접근할 때 과감한 환원주의적 방식이 필요했다."고 이야기했다.(〈스키너의 심리상자 열기〉, 로렌 슬레이터/조증열 역, 에코의 서재, 2005, 278/281쪽)

환원주의의 문제는 이미 제1장에서 다루었으니 여기에서는 간단히 정리만 하고 넘어가자.

'환원주의' 는 물리화학적 운동, 생물학적 운동, 사회적 운동 간의 질적 차이를 무시하고 다양하고 복잡하며 고차적인 '사회적 운동' 을 단순하고 낮은 차원의 운동인 '생물학적 운동' (혹은 물리화학적 운동)을 통해 설명한다. 따라서 환원주의는 세계의 질적 다양성과 발전의 상승성을 부인하고 사물현상들의 양적 차이만을 인정하게 되는 문제점을 가진다.

어쨌든 칸델은 환원주의적 입장에 근거해 기억에 대한 연구를 진행했다.

그는 해삼을 훈련시켜 다음과 같은 사실을 발견했다.

행동이 새겨질 때 두 개의 뉴런(하나는 감각세포의 뉴런, 다른 하나는 운동세포의 뉴런이었다)이 서로 더 강한 자극을 주고받는다는 사실을 발견했다.
용불용설은 옳았다. 우리가 새로운 임무를 연습할 때마다 두뇌 속에서 그 임무의 실행을 관장하는 뉴런들의 관계망이 더욱 끈끈해졌다.(〈스키너의 심리상자 열기〉, 282쪽)

한 마디로 우리가 신체를 자주 사용하면 그것이 뇌에 저장된다는 뜻이다.

칸델은 여기에서 더 나아가 기억을 '단기 저장 상태'에서 '장기 저장 상태'로 전환시키는 '크렙'이라는 물질을 발견했다.

크렙이란 정확히 무엇인가? 그것은 뇌 세포핵 안에 살고 있는 분자로서, 그것의 목적은 세포들 사이를 영원히 연결시켜 주는 단백질 생산에 필요한 유전자들을 활성화시키는 것이다. … 크렙은 '세포 접착테이프'와 같다. … 단기 기억은 어떤 화학작용이 순간적으로 일어났다가 재빠르게 사라지는 일시적인 분출과 같다. 그에 비해 장기 기억은 서로 묶이고, 심지어 서로를 가두기까지 하는 결혼생활과 닮았다.(〈스키너의 심리상자 열기〉, 285쪽)

또 쉬운 말로 번역을 해보자면 '단기기억'은 뇌에 별다른 흔적을 남기지 않지만 '장기기억' 은 '크렙' 이라는 분자 때문에 뇌에 확실히 새겨진다는 것이다. 그래서 크렙 덕분에 장기기억이 가능하다는 말이다.

그런데 칸델의 발견보다 더 놀라운 것은 로렌 슬레이터의 지나친 확대해석이다.

크렙의 발견은 심리학계에 엄청난 파문을 일으켰다. 그것은 심리학자를 비롯한 수많은 사람들에게 영구 기억이 어떻게 형성되는가를 처음 보게 해준 발견이었다.(〈스키너의 심리상자 열기〉, 286쪽)

물론 '크렙' 의 발견은 흥미로운 일이고, 제약회사나 일부 생리심리학자들에게는 엄청난 대사건일지도 모른다. 그러나 환원주의적 입장에 반대하는 대다수의 심리학자들에게 있어서 그것은 기억의 '생리적 기초' 를 밝혀 주는 것에 불과할 뿐이다. 즉 사람을 총체적인 관점으로 보는 심리학자들은 '기억이 뇌가 아니라 발가락에 저장된다' 는 등의 발견에는 깜짝 놀라겠지만 '뇌 속의 분자인 크렙의 발견' 에는 그러려니 할 것이다. 왜냐하면 그것으로 인해 이론적 입장을 수정할 아무런 이유가 없기 때문이다.

심리학의 기본 연구대상은 전체로서의 사람, 그리고 '사람의 마음' 이지 '뇌' 가 아니며 더욱이 '세포 접착제' 인 '크렙' 은 아니다.

이는 마치 원자를 '물질의 최소단위' 로 알고 있던 철학자가 양성자와 중성자, 그리고 소립자인 '쿼크' (Quark)의 발견을 흥미롭게 생각할지언정 그것으로 인해 자기 이론을 수정하지는 않는 이유와도 같다. 즉 원자이든, 양성자와 중성자이든, 아니면 소립자이든 그것은 모두 '물질'이라는 철학적 범주에 포함된다. 따라서 '물질'이라는 범주에 기초해 전개된 철학이론에는 전혀 영향을 미치지 못하는 것이다.

이런 이유 때문에 나는 '크렙' 아니라 '크렙 할아버지'가 발견되어도 놀라거나 호들갑을 떨 아무런 이유가 없다고 생각한다. 그것은 정확히 말해 '기억'의 '생리적 기초'를 부분적으로 밝힌 것 이상은 아니기 때문이다.

비록 '팀 툴리'라는 과학자가 크렙의 활성화 능력을 크게 확대해 '슈퍼 파리'를 만들었고, '칸델'은 '천재 해삼'을 만들어내고 '크렙의 억제 인자'까지 발견했다지만 그것을 당장 사람에게 써먹을 생각은 하지 말았으면 한다.

왜냐하면 설혹 생리심리학자들이 '뇌 지도'를 완성한다고 해도, 그들이 만들어낼 새로운 프랑켄슈타인은 '늑대소년' 이상이 될 수 없기 때문이다.

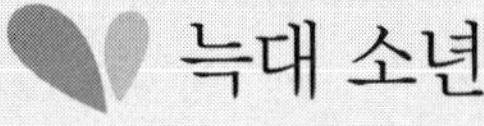

늑대 소년

환원주의자 칸델에 대한 로렌 슬레이터의 평가는 분명히 과도하며 지나치다.

이제 일흔세 살인 칸델은 이 책에 등장하는 과학자들 가운데 나이는 가장 많지만 연구스타일은 가장 미래지향적이다. 그의 기술과 연구영역은 정신의학 분야의 미래를 정의한다. … 칸델은 하나의 뉴런이 어떻게 기억하는가에 관한 의문에서 연구를 시작하여 한 나라 전체가 새로운 신경 통로를 형성하는, 전 국가적 차원에서의 시냅스를 만드는 방법을 연구하는 것으로 끝을 맺고 있었다. 그가 그린 20세기의 캔버스는 작지만 거대했다. 그는 환원주의적 접근 방식을 선택했지만 부분의 합보다 훨씬 큰 통찰력을 만들어냈다.(〈스키너의 심리상자 열기〉, 270/294쪽)

아마 로렌 슬레이터는 정신의학의 미래가 '뇌 과학'과 약물개발에 달려 있다고 믿는 것 같은데 이는 큰 잘못이다.

칸델의 연구에서도 나타났듯이 사람의 뇌에서 시냅스 연결이 강화되는 것은 그가 어떤 경험을 하고 어떻게 노력을 하는가 하는데 따라서 달라진다. 예를 들어 시험공부를 열심히 그리고 효율적으로 한 학생은 그렇지 못한 학생에 비해 더 많은 지식을 기억하게 될 것이다

(칸델의 환원주의적 설명에 따르자면 뇌에서 ‘크렙’ 이 더 많이 활성화
되어 뇌세포가 서로 단단히 연결된다).

　따라서 기억을 강화시키는 것은 ‘사람의 노력과 경험’ 이지 ‘크
렙’ 이 아니다. 이것은 마치 야구선수로 하여금 야구를 잘 하게 만드는
것이 ‘훈련’ 이지, ‘감각뉴런과 운동뉴런 간의 결합’ 이 아닌 것과 같
다.

　그렇다면 칸델의 환원주의적 접근 방식이 도달할 수 있는 곳은 어
디일까?

　이에 대한 답은 야생에서 동물들에 의해 키워진 것으로 믿어지는
아이들에 대한 다음의 보고서들에 담겨 있다.

　결과는 지금까지 보고된 30여 명의 야생 아동들에게서 대동소이하다.
모든 아이가 발견될 당시에는 놀라울 정도로 동물적이었다. … 몇몇 아
이가 몇 마디의 말을 배우기도 하였지만, 어느 아이도 정상적으로 언어
를 사용할 정도로 재활되지는 못하였다.(〈심리학〉, Henry Gleitman/장
현갑 외 공역, 시그마프레스, 1999, 476쪽)

　1976년에 인도에서 발견된 어린아이인 Ramu는 늑대가 길러준 것으로
보인다. 아이는 기형아의 모습을 하고 있었는데, 아마도 늑대굴에서 쪼
그린 상태로 누워있었기 때문이겠다. 걸을 수도 없었으며, 물도 혀로
핥아먹었다. 가장 좋아하는 음식은 날고기였는데, 멀리서도 그 냄새를
맡을 수 있는 것으로 보였다. 발견된 후에는 테레사 수녀가 운영하는
버림받은 아이들을 위한 집에서 살았다. 혼자 목욕하고 옷을 입는 방법

은 배웠으나, 말을 배우지는 못했다. 계속해서 날고기를 좋아하였고, 자주 이웃집 닭장에서 닭을 훔쳐먹기 위해서 집을 빠져나오기도 했다. Ramu는 1985년 2월 10세 정도의 나이로 사망하였다.(New York Times, 1985년 2월 24일자)(〈심리학〉, 476쪽)

아마도 유기체의 생리적 비밀을 모두 파악하면 '사람에 대한 완성된 그림' 을 그릴 수 있을 것이라고 믿는 사람들은, '인간 육체' 의 비밀을 담고 있는 유전자가 '사람' 을 사회적 존재로도 만든다고 생각할지 모른다.

그러나 '늑대소년' 의 사례는 사회의 양육을 받지 못했기에, 전적으로 유전자에 프로그램된 대로 성장했을 것으로 추정되는 아이들이 어디까지 발전할 수 있는지를 잘 보여준다. 물론 사람의 유전자에는 분명히 '사회적 존재' 가 가지는 고급기능을 획득가능하게 해주는 '생리적 기초' 가 프로그램되어 있을 것이다(그렇지 않다면 동물도 사회에서 살면 사람처럼 되어야 한다). 하지만 사람의 '유전자' 에 프로그램된 내용 그 자체는 '사회적 존재' 를 만들어내지 못하며, '사회적 존재' 로의 성장발전은 오직 '사회' 속에서만 가능하다.

그렇다면 '뇌 지도의 완성' 이 가능하게 해줄지도 모르는 '사람을 구성하는 모든 부품에 대한 완벽한 이해' 의 종착역은 결국 '늑대소년' 일 것이다. 즉 환원주의적 방법론은 아무리 용을 쓰고 재주를 부려봐도 '늑대소년' 에 대한 이해 이상은 도달할 수 없다.

'사회적 존재' 로서의 사람에 대한 정확하고 올바른 이해는 오직 사람을 '전체적인 관점' 에서 그리고 '사회와의 관계' 속에서 고찰할 때에만 가능해지기 때문이다.

심리학의 궁극적인 목적이 '늑대소년' 의 육체적 기능을 연구하는
데 있지 않다면, '환원주의' 는 사람을 연구하는 데서 절대적으로 배격
해야 할 방법론이며, 심리학의 미래 또한 '뇌 지도의 완성' 에 달려 있
지 않다는 것을 분명히 알아야 한다.

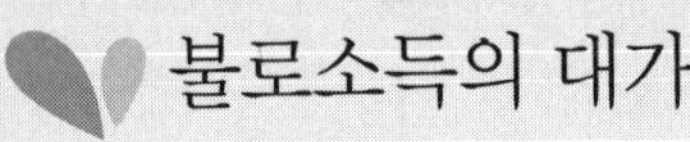

칸델은 메모리 파머슈티컬즈(Memory Pharmaceuticals)라는 이름
의 회사를 차려 신약을 개발하고 있다.

그 회사는 사람의 뇌에 있는 '크렙' 을 강화하는 약을 개발해 '기
억력 강화제' 를 만들려고 연구에 박차를 가하고 있다고 한다.

실험단계에 있는 그 약의 이름은 포스포디에스테라제-4이다. 인간의 나
이로 따지면 80대에 해당되는 노쇠한 쥐에게 그 약을 투여했는데, 그 쥐
들이 젊음을 되찾아 새끼쥐들 못지않게 효과적으로 미로를 달렸다.(〈
스키너의 심리상자 열기〉, 289쪽)

또한 칸델은 두뇌 속에 있는 망각을 유도하는 '칼시뉴린이라는 효
소' 를 활용하는 '망각제' 도 개발하려고 노력중이다.

과거 중국의 진시황은 모든 권력을 가진 천하의 주인이었으나 '죽음' 만은 어찌할 수 없다는 냉엄한 현실 앞에 몸부림쳤다. 그래서 그는 불로장생초를 찾으려고 무진 애를 쓰다 죽었다.

그런데 21세기에 부활한 '진시황' 의 후예들은 과학의 힘을 이용해 못다 이룬 '불로장생초' 의 꿈을 기어이 이루려고 악착스럽게 시도하고 있다.

비록 자본주의사회가 돈이면 무엇이든지 해결할 수 있는 사회라고는 하지만 자식에게 좋은 유전자를 물려주려는 부모의 소원은 돈으로 해결하지 못한다.(〈부모-나 관계의 비밀〉, 김태형 · 전양숙, 새뜰심리상담소 2005, 96쪽)

이런 주장들 때문에 화가 나서인지는 모르겠지만 일부 생리심리학자들과 제약회사들은 사람의 유전자(유전적 능력)를 바꾸는 데 도전하기 시작했다. 그러나 비록 이러한 시도가 먼 미래에 극소수의 환자들에게는 어느 정도 도움이 될 수도 있겠지만, 사람의 유전자를 통제하려는 욕구의 밑바탕에 깔려 있는 의도는 결코 건강하지 못하다고 생각된다.

하류인간들에게 있어서 '불로소득' 만큼 달콤한 것은 없다. 앉아서 빈둥빈둥 놀며 돈 놓고 돈 먹기를 즐기는 인간들에게 '노력' 이란 비웃음의 대상일 뿐이다.

그런데 그들에게도 걱정거리가 있다.

매일같이 진탕 놀고 즐기면서 불로소득만 취하다 보면 '돌머리' 가 될 텐데, 그러다보면 나중에 치매에 걸리는 게 아닐까? 게다가 자식들도 나를 닮아 돌머리가 되면 어쩌나? 하는 등의 고민이 바로 그것이다.

　이런 사람들에게 있어서 '칸델' 같은 과학자는 그야말로 구세주처럼 보일지도 모른다.

　'기억력 강화제' 라는 약을 먹으면 머리가 나빠지거나 치매에 걸릴 염려도 없고, 자기들한테 원한이 많은 놈들에게는 '망각제' 를 먹이면 만사가 해결될 것이 아닌가. 게다가 돌머리가 될 확률이 농후한 자기 후손들에게 어릴 때부터 '기억력 강화제' 를 먹이면 천재가 될 것이니….

　그러나 이런 비뚤어진 욕망은 결국 비참한 결과를 낳을 뿐이다. 공짜로 얻은 재산이 사람들을 '좀팽이 같은 졸부' 로 만들듯이 공짜로 얻은 능력은 사람들을 '게으른 의존증 환자' 로 만들 것이다.

　약을 먹어서 기억력을 강화시켜도 자기보다 더 똑똑한 사람은 있게 마련이다.

　그러면 더 강력하고 독한 약을 먹게 되고 그래도 안 되면….

　나중에는 다른 사람의 머리를 잘라다 붙일 텐가?

　돈으로 모든 것을 살 수 있다고는 하지만 '노력을 통해 획득한 능력' 은 못 산다. 아무리 '명약' 으로 기억력을 강화시켜도 타인이 피나는 노력과 실천적 경험을 통해 획득한 '기억' 은 거저 얻을 수 없다.

　그러니 무모한 시도를 그만두고 이제는 쓸데없는 탐욕을 버려야 하지 않을까?

　노력을 통하지 않고 손쉽게 무엇을 얻는다고 해서 그것이 행복을 가져다줄 리는 없지 않을까?

그리고 한 가지 더 기억해야 할 것이 남아 있다.

‘칸델’ 이 만들어내 시판할지도 모르는 ‘기억력 강화제’ 가 순수하게 기억력만 강화할지 아니면 다른 부작용을 낳을지는 아무도 모른다는 것이다.

‘헨리’ 가 자기 뇌 속의 해마를 절개하는 수술을 할 때, 간질발작만이 아니라 ‘기억능력’ 까지 날아갈 줄은 전혀 몰랐던 것처럼….

나는 ‘기계적 인간관’ 의 후예들이 심리학의 미래를 이끄는 장면을 상상하면, 원숭이들이 인간을 노예로 부리는 ‘혹성탈출’ 이라는 영화를 보는 것 같아 온 몸에 소름이 끼치곤 한다.

심리학을 ‘생물학’ 으로 환원시키려고 하는, 그들의 만행과 무지로부터 심리학을 구출해 낼 날은 과연 언제쯤일까?

제10장

빈대 잡으려고 초가삼간을 태운

모니즈

 '위장'에 구멍이 난 이유

어느 날 병원에 온 환자의 치료방안을 논의하기 위해 세 의사가 모였다. 그 중 한 명은 '내과의사'였고, 다른 한 명은 '정신과의사'였다. 그리고 나머지 한 명은 '사회심리학적 입장을 가진 의사'였다. 그 환자는 진찰 결과 '위장'에 커다란 구멍이 뚫려 있음이 확인되었다. 세 의사는 모두 그 환자의 위장에 뚫려 있는 구멍을 먼저 메워야 한다는 데 동의했다. 그러나 그 이후의 처방에 대해서는 서로 의견이 달랐다.

다음은 세 의사의 대화록이다.

내과의사 : "증상이 너무도 분명한데, 무슨 다른 치료를 더 한단 말입니까? 그냥 위장만 치료하면 되지요."

정신과의사 : "위장에 그냥 구멍이 난 게 아니지 않습니까? 면담을 해보니까 그 환자는 어릴 때부터 어머니로부터 계속 '비난'을 받으며 자랐어요. 그러니 그 환자는 자아가 약할 테고 남들보다 스트레스를 훨씬 더 많이 받을 겁니다. 반드시 정신과 치료를 해야 돼요. 그래야 재발을 막을 수 있거든요."

내과의사 : "글쎄요. 저는 기본적으로 유전적 문제 때문에 위장병

이 생긴다고 생각하는데요…. 물론 정신적인 문제도 있을 수 있지요. 하지만 그건 제 소관이 아니니. 그 환자가 정신과 치료를 받으려고 할지 의문이네요."

사회심리학적 입장을 가진 의사(이후 '사의' 로 약칭) : "두 분의 말씀 다 잘 들었습니다. 저 또한 정신적인 문제 때문에 위에 구멍이 났다고 말씀하신 '정신과 선생님' 의 의견에 동의합니다. 그렇지만 가족 문제를 다룬다고 해서 그 환자의 병을 낫게 할 수는 없다고 봅니다."

내과의사, 정신과의사 : "그러면요? 어떻게 해야 한다는 거죠?"

사의 : "그 환자의 직장생활에 대한 얘기를 들으셨겠죠? 그는 10년 동안 내내 밤 10시가 되어서야 퇴근을 했고, 구조조정 때문에 동료들이 하루아침에 잘리는 것을 보면서 극도의 스트레스를 받았다고 합니다. 그러니 그 환자의 직장환경이 개선되지 않으면 위장에는 더 큰 구멍이 또 뚫릴 겁니다."

정신과의사 : "물론 그런 이유도 있겠지만, 가족관계에 문제가 없는 사람은 위장에 구멍이 나지 않고 그런 환경에서도 잘 버티거든요."

내과의사 : "맞습니다. 유전적으로 건강한 위장을 타고난 사람은 더 지독한 환경 속에서 돌 섞인 밥을 먹어도 끄떡도 하지 않습니다."

사의 : "무슨 소리요? 개인차가 있으니 스트레스를 줄 것이 분명한 그런 나쁜 환경을 그대로 방치해 두잔 말입니까?"

내과의사, 정신과의사 : "그러면 선생님은 의사들인 우리더러 정치선동이라도 하라고 말씀하시는 겁니까? 그건 의사가 할 일이 아니잖아요. 우리는 정치적 중립을 지켜야 하거든요?"

사의 : "거짓말 마십시오. 나는 환자의 직장문제를 의도적으로 피해가는 당신들의 태도야말로 지나치게 정치적이라고 생각합니다. 적어도 그 환자에게 직장문제를 개선해야 된다는 말은 해주어야 합니다. 신자유주의를 반대해야 하는 이유까지 설명해 주면 더 좋겠지만…."

내과의사 : "됐습니다. 더 이상 얘기해 봐야 소용이 없을 것 같아요. 저는 제 판단을 믿고 약물처방과 수술만 진행하겠습니다. 환자가 굳이 정신과치료를 받겠다고 하면 말리지는 않겠지만요."

물론 이것은 실제 이야기는 아니다. 그렇지만 이 가상의 대화는 '생물학주의'와 '정신분석학', '건강한 사회심리학'(미국의 사회심리학과는 다르다는 의미에서 이렇게 표현했다)적 입장의 차이를 잘 말해준다.

정신의학 진영에서도 본질적으로 이와 동일한 논쟁이 '정신병의 원인과 치료'와 관련해 긴 세월동안 계속되어 왔다(물론 이 논쟁에 사회심리학은 참여하지 않았다).

빈에서는 프로이트가 인간의 정신이 전적으로 과거에 달려 있다는 이론을 발표하여 두각을 드러내기 시작했고, 그와 거의 같은 시기에 모니즈는 정신을 치료하는 유일한 방법은 신체를 다루듯 치료하는 것이라고 믿었다. 따라서 최근 벌어지고 있는 정신병이 화학작용의 문제이냐 과거의 문제이냐, 약으로 치유할 것이냐 대화로 치유할 것이냐의 논쟁은 전혀 새로운 것이 못된다.(〈스키너의 심리상자 열기〉로렌 슬레이터/조중열 역, 에코의 서재, 2005, 305쪽)

프로이트 등으로 대변되는 '인문학'적 입장과 '모니즈'로 표현된 '생물학'적 입장은 크게 다음과 같은 차이점을 가진다.

① 사람을 어떻게 볼 것인가 : 전체적인 관점 vs 부속품의 결합체

인문학적 입장은 사람을 해부학적으로 쪼개지 말고 전체로서 바라보고, 개인의 역사를 통해 사람을 이해해야 한다고 주장한다. (물론 여기에서 더 나아가 사회와의 관계 속에서 고찰해야 할 것이다.) 이 입장에 따르면 정신현상이란 주로 한 개인이 살아오면서 형성발전된 무의식의 발현과정이다(프로이트는 특히 가족관계에 기초해 형성된 무의식을 중시한다).

그러나 생물학적 입장은 사람의 뇌(몸)를 해부학적으로 완벽히 이해하면 사람의 정신현상을 해명할 수 있다고 본다. 이 입장에 따르면 정신현상이란 '뇌의 활동'일 따름이다(이것은 물론 정신현상에 대한 논리적이고 합리적인 개념정의가 아니다. 왜냐하면 '뇌의 활동'은 정신현상의 생리적 기초이기는 하지만 그것이 정신현상 그 자체는 아니기 때문이다. 전쟁터에 나간 병사의 '적진으로 돌격하는 행동'을 '뇌의 신호를 받은 두 다리가 신나게 운동'하는 것으로 대치할 수는 없다).

② 정신병의 원인 : 마음 vs 유전자

인문학적 입장은 정신병의 주요 원인은 심리적인 문제에 있다고 믿는다. 이것을 실험으로 증명한 사례도 꽤 많기 때문에 이제는 생물학주의자들도 이러한 견해를 전적으로 부정하지는 못하고 있다.

뉴욕 주 정신의학연구소의 '색하임'은 이렇게 말한다.

"우울증은 건강한 두뇌 조직을 손상시킵니다. 우울증과 스트레스가 신경에 해롭고 괴저 증세가 나타나게 한다는 증거는 많습니다. 우울증 환자의 해마는 정상인에 비해 최대 15퍼센트나 작아요."(《스키너의 심리상자 열기》, 333쪽)

프로이트주의나 동양의학 또한 대부분의 병은 '마음'에서 비롯된다고 생각한다. 그리고 한국인들은 '화병'이나 '상사병'에 걸려 죽기까지 함으로써 이를 온 몸으로 증명했다.

사람의 병이란 그 생활을 떠나서 존재할 수 없고 또한 정신(精神)을 고려하지 않은 병이란 있을 수 없는 법이다. … 정신의 이상이 물질의 이상을 가져온 것일 뿐이다. 거꾸로 모든 병의 원인을 정신의 이상에서 찾는다면 그 원인들을 모두 찾을 수 있다. 물론 정신의 이상이 없이 올 수 있는 질병도 있지만, 그것은 열 중 하나나 둘에 불과하다. … 그러나 현대의학은 그 병인을 거꾸로 알고, 그것을 과학이라 부르고 환자에게 엄청난 돈과 시간과 정신적 복종을 강요하고 있으니 딱하기 짝이 없다.(〈한의학 특강〉, 박찬국, 집문당, 2004, 126쪽)

이와는 반대로 생물학적 입장은 정신병이 유전적 문제 때문에 발병한다고 믿는다. 생물학주의자들은 간혹 '환경'이 주는 스트레스를 인정하기도 하지만 그것은 부차적일 뿐이라고 주장한다.

이들의 주요 논거는 '동일한 환경에 있다고 해서 모두 병에 걸리지는 않는다. 따라서 병에 걸리는 사람들은 유전적 소인을 가지고 있음이 분명하다'라는 것이다.

이는 동일한 조건을 가진 경기장에서 10명의 사람에게 100미터 경주를 시켜 보면 그들은 각각 다른 기록을 세운다는 식의 뻔한 주장이다(이런 사실을 부정하는 사람도 있는가?).

그러나 그 10명을 사하라 사막에 데려다놓고 마라톤을 시켜보라! 일사병에 걸리지 않는 사람이 몇이나 되겠는가?

그래도 일사병에 걸리지 않는 사람이 있다고? 그러니 역시 유전자 때문에 일사병에 걸린 거라고?

그런 억지는 폭탄이 빗발치는 전쟁터에 가서 부리는 게 좋겠다. 유전적 요인 때문에 총알과 폭탄이 생물학주의자들을 요리조리 피해 떨어질지도 모르니까….

③ 치료방법 : 인체의 자연치유력 vs 약물과 수술

인문학적 입장 그리고 동양의학은 인체의 자연치유력을 신뢰한다.

동양의학이 신비한 힘을 발휘할 수 있는 까닭은 다행스럽게도 우리 인체는 무한한 능력을 가지고 있기 때문이다. 사람은 학문, 예술에만 무한한 능력이 있는 것이 아니라, 스스로 질병을 치유하는 데에도 무한한 능력이 있다는 것이다. 단지 그러한 능력을 어떻게 개발해내느냐가 문제인 것이다.(〈한의학 특강〉, 344쪽)

사람의 인체에 대해 서구의 일부 과학자들은 거의 다 아는 것처럼 생각하지만 사실은 아직 멀었다. 아이가 급체했을 때, 병원 응급실에 데려가 주사를 맞히고 약을 먹이며, 며칠간 죽만 먹이는 식으로 생난리를 칠 필요가 없다. 바늘이나 침으로 손끝을 따주면 당장 체기가 내려간다(나 또한 어릴 때 배가 아프면 할머니께서 바늘로 손을 따주셨다). 이런 치료법은 동양의학 이론에 따르면 손끝을 따줌으로써 막혔던 기(氣)의 흐름을 다시 회복시키는 것이다.

일부 생물학주의자들은 이런 치료법에 대해 비과학적이라고 야유를 보낼지도 모른다.

그러나 그들도 언젠가는 알게 될 것이다. '추상적 개념'의 세계와 인문학 전통을 무시한 자기들이 얼마나 무식했는지를….

물론 인문학적 입장이라고 해서 약물치료를 전적으로 부정하지는 않는다. 앞의 사례처럼 환자의 위장에 구멍이 뚫렸다면 약을 쓰든 수술을 하든 일단 그것을 메워야 하기 때문이다. 그러나 인문학적 입장은 치료가 그것만으로 끝나서는 안 되며 병이 재발하지 않도록 하기 위해서는 반드시 심리치료를 해야 한다고 보는 점에서 생물학적 입장과는 차이가 난다.

생물학적 입장은 좀처럼 인체의 자연치유력을 신뢰하지 않는다. 일부 학자들은 그것을 인정하기는 하지만 이렇게 말한다.

"인체에 자연치유력이 있기는 하지만 그 효과가 너무 느리다. 그러니까 약을 써야 하고 필요하다면 수술도 해야 한다."

물론 약과 수술이 절실하게 필요한 경우는 분명히 있다. 교통사고 등으로 심한 외상을 입은 경우라든가, 너무 심한 중증 환자라서 당장 수술을 하지 않으면 생명이 위독한 경우 등이 이에 해당될 것이다(그러나 유치원생이 아니고서야 인문학적 입장이나 동양의학이 이런 경우에까지 '인체의 자연치유력에 근거한 치료방법' 을 고집하지는 않는다는 걸 알 것이다). 어쨌든 생물학적 입장은 정신병의 원인을 기본적으로 '뇌의 고장' 으로 보기 때문에 그것을 고치기 위해서는 약물치료 나아가 필요하다면 수술을 해야 한다고 주장한다.

'닭이 먼저냐 달걀이 먼저냐' 처럼 쉽게 결론이 나지 않는 지루한 정신의학적 논쟁에 대한 결론은, 현재 시점에서는 결국 일반인들이 내려야 할 것이다.

자기의 몸과 마음속에 잠재된 치유능력을 확고히 믿으며, 병을 일으킨 원인을 탐색하고 자기의 삶을 돌아봄으로써 건강해지는 방법을 택할 것인가? 아니면 자기의 심리적 문제를 회피하고 약물의 힘, 과학의 힘에 의존하여 증세를 일시적으로 호전시키는 미봉책을 택할 것인가?

결국 선택은 환자들의 몫이다.

 의심나면 잘라내라

생물학적 입장의 신봉자, 안토니오 에가스 모니즈(António Egas Moniz)는 1949년 정신과 수술을 개발한 공로를 인정받아 노벨상을 수상했다.

그는 정신병이란 '뇌 고장' 때문에 발병한다고 철석같이 믿었다.

그는 정신병이 두뇌의 신경섬유에 생리적으로 붙어있는 일련의 생각들 때문이라고 믿었다. 전뇌를 시상과 연결시키는 섬유 안에 그 생각들이 붙어 있다는 것이었다. 따라서 그 섬유만 잘라내면 환자는 자신을 괴롭히는 생각과 느낌에서 벗어날 수 있다는 것이 그의 주장이었다.(《스키너의 심리상자 열기》, 309쪽)

이런 입장에 기초해 그는 수많은 환자들의 머리뚜껑을 열고는 메스로 뇌를 잘라냈다. 물론 이런 '뇌 수술'로 인해 증세가 호전된 경우도 있었지만 부작용 또한 분명히 나타났다.

로렌 슬레이터는 뇌 수술의 문제점에 대해 다음과 같이 지적한다.

뇌엽 절제술이나 그것에서 파생된 대상속 절개술은 사실적인 지식 못지않은 어림짐작에 의하여 행해지고 있고, 확고한 사실보다는 판단에 의거하여 이루어지고 있다. … 뇌엽 절제술은 전문성이 결여되었다는 이유로 널리 비난을 받았다. 의사들은 머릿속에 구멍을 뚫고, 날카로운 것을 집어넣고, 꿈과 사고의 질긴 조각을 퍼내면서도 자신이 무엇을 퍼내는지 알지 못했다. 그들은 시상과 전두엽과 감정과 지능에 관하여 모호하게 알고 있었을 뿐이다. 뿐만 아니라 두뇌의 덤불 속에서 자신이 실제로 제거하려는 것이 무엇인지 정확히 이해하지 못했다.(《스키너의 심리상자 열기》, 300/319~320쪽)

그렇다면 약물치료는 어떨까? 그것은 과연 '뇌 수술'에 비해 안전할까?

실은 프로작(편집자 주 : 우울증 치료제)이 두뇌의 어느 부위에서 어떻게 작용하는지 아무도 모른다. 어느 누구도 프로작의 메커니즘을 이해하고 있지 않다. … 사람들은 돌이킬 수 없다는 이유에서 뇌엽 절제술을 비난한다. 하지만 지금 우리가 복용하는 정신 질환제가 아직 발견되지 못한 씻을 수 없는 심각한 손상을 일으키지 않는다고 누가 장담할 수 있는가? … 최근에 개발된 의약품들이 오랜 시간이 흐른 뒤 돌이킬 수

없는 운동장애를 일으킬 수도 있다.(〈스키너의 심리상자 열기〉, 320~321쪽)

한때 뇌 수술은 언론과 대중으로부터 정신병을 치료하는 효과적인 방법으로 크게 각광받았다. 그러나 각종 신약이 개발되고 약리학이 발전을 거듭하면서 '뇌 수술'은 약물로 급속히 대치되어왔다(머리 뚜껑을 따서 뇌의 일부를 잘라낸다는 것은 매우 찝찝한 일임이 분명했기 때문이다).

그러나 로렌 슬레이터에 의하면 약물의 효과란 '뇌 수술' 못지않게 의심스러운 것이다(이 주장에 나 또한 전적으로 동의하는 바이다).

아마 약리학이 부상하게 된 가장 큰 원인으로는 뇌엽 절제술 때도 그랬듯이 언론이 그것을 최신뉴스로 떠들어댔기 때문일 것이다. … 대략 약물 치료환자의 70퍼센트가 반응을 보인다는 말은 맞다. 하지만 그 중에서 확실한 반응을 보이는 환자는 실제로 30퍼센트에 지나지 않는다. 나머지는 최소한의 반응을 보이거나 중간 정도까지 증세가 완화된다. 어떤 이들은 전체 환자의 최대 60퍼센트까지 내성이 생겨 약물치료가 결과적으로 무용지물이 될 수 있다고 예측한다. 그러므로 계산을 다시 해야 한다. 약을 복용하는 환자 가운데 대다수는 심각한 정신병을 여전히 앓거나 증세가 '어느 정도' 완화된다. 여기서 정신장애가 심한 경우라면 증세가 '어느 정도' 낫는 것이 그다지 축하할 일은 아니다.(〈스키너의 심리상자 열기〉, 323/326쪽)

결론적으로 말하자면, 정신병 치료에 있어서 '뇌 수술'이든 '약물'

이든 그것은 그리 만족할 만한 치료능력을 가지지 못한다는 것이다.

그렇지만 이런 '수술' 이나 '약물' 의 문제점은 단지 여기에 그치지 않는다는 데 그 심각성이 있다. 그것들은 그리 뛰어나지도 않은 치료효과밖에 못가진 주제에 예측불가능한 '부작용' 을 잔뜩 가지고 있기 때문이다(그 부작용의 내막은 긴 세월이 흘러봐야 비로소 정확히 확인할 수 있다).

'뇌 수술' 이나 '약물' 이 가지는 부작용은 그것들의 독특한 치료방법론에 기인한다(치료철학이라고 말해도 좋겠다).
이 치료방법을 한 마디로 간단히 요약하자면 다음과 같다.

'빈대 잡으려고 초가삼간 다 태운다.'

베트남전에서 미국은 정글 속에 숨어 있다가 불시에 공격을 해오는 게릴라들 때문에 골머리를 앓았다. 그래서 미군은 획기적인 치료방법을 사용했다. 네이팜탄과 고엽제를 정글에 살포해 모든 것을 초토화시켰던 것이다. 그런데 네이팜탄과 고엽제는 게릴라들만 죽인 게 아니었다. 그것은 정글 속의 모든 생명체를 파괴했고 심지어 미군들에게까지 치명적인 해를 입었다. 원자폭탄으로 도시를 통째로 날려 버리는 것이나 네이팜탄으로 정글을 불태워 버리는 것이나 그 바탕에 깔려 있는 철학은 동일하다.
'귀찮다. 모두 다 없애버려!'

미군은 빈대를 잡겠다는 명목으로 초가삼간을 다 태워버림으로써 베트남 민중에게 그리고 베트남전에 참전한 군인들에게 씻을 수 없는 범죄를 저질렀다. 이런 야만적인 치료방법의 후유증이 미국의 미래를 암울하게 만들고 있듯이, 고장 났을 것으로 막연히 의심되는 뇌 부위를 초토화시키는 대량살상무기(수술 칼과 약물)의 남용은 건강한 뇌까지 무차별적으로 파괴할 것이 분명하기 때문에 심각한 후유증을 남길 것이다.

킹콩, 반지의 제왕 시리즈로 유명해진 '피터 잭슨' 감독이 무명시절인 1992년에 만든 B급 코믹 공포영화 '데드 얼라이브'(Braindead)의 첫 장면은 정말 충격적이다(미성년자나 임신부, 노약자는 이 영화를 절대로 보면 안 된다).

어느 오지에 좀비 원숭이가 살고 있었는데, 이 원숭이에게 물리거나 할큄을 당하면 좀비로 변한다. 따라서 좀비 원숭이로부터 상처를 입게 되면 즉시 그 근처를 넓찍하게 잘라버려야 한다(안전을 위해서는 되도록 많이 자르는 것이 좋다).

주인공과 그 일행이 좀비 원숭이를 잡아서 돌아오는데, 일행 중 한 사람이 소리를 질렀다.

"얘가 원숭이한테 물렸어."

그러자 주인공은 원숭이에게 물린 사람을 땅에 눕혀 놓고 상처를 살펴봤다.

앗! 팔에 물린 자국이 있군. 주인공은 큰 칼로 팔 하나를 뭉텅 잘라버렸다.

어라? 발에도 상처가 있네. 그는 미련 없이 발도 싹뚝 잘라버렸다.

그런데 한 사람이 외쳤다.

"머리에도 할퀸 자국이 있어"

그러자 주인공은 상처를 통해 병균이 퍼지는 것을 막기 위해 칼로 목까지 댕강 잘라버린다.

이렇게 해서 모든 치료가 끝났다.

아무리 화려한 미사여구로 포장되고 거짓말로 색칠되어도 '뇌 수술' 이나 '약물치료' 는 정신병을 치료하는 근본적인 치료방법이 될 수 없다. 물론 약물을 써야만 할 때도 분명히 있기는 하다. 그러나 그것은 중중 환자를 다룰 때, 선택적으로 그리고 가능한 한 짧은 기간 동안만 신중한 고려 하에 사용되어야 한다.

'뇌 수술' 이나 '약물치료' 의 끝은 뇌가 모두 잘려 나간 '텅 빈 머리' 이거나 약물로 타들어간 '시커먼 뇌' 일지도 모르기 때문이다.

자기를 믿어라

'암' 에 걸렸다가 기적적으로 소생한 사람들의 얘기는 암환자들에게 한 줄기 희망의 빛을 뿌려 준다.

그들은 암치료에 성공한 사람들에게 묻는다.

"도대체 무슨 약을 쓰셨나요?" 라고.

그런데 대답을 듣다 보면 그들의 머릿속은 점점 더 혼란스러워진다.

어떤 사람은 '항암치료를 꾸준히 받았어요' 라고 말하고, 다른 사

람은 '공기 좋은 황토집에 살면서 청국장을 복용했거든요' 라고 말하
기도 하고, 또 다른 사람은 '저는 생식을 해서 고쳤어요' 라고 말하기
도 하지 않는가. 이 외에도 많다. 단식을 해 고친 사람, 한약으로 고친
사람, 약수를 먹고 명상수행을 해 고친 사람 등….

그런데 자세히 들여다보면 암 치료에 성공한 사람들에게는 중요
한 공통점이 있다. 그들은 '삶에 대한 희망' 을 결코 버리지 않았고, 병
치료를 위해 '철저한 자기관리' 를 했으며, 마음을 비우고 '자기를 되
돌아보았다' 는 점에서 일치한다.

이런 사례들을 보면 '죽을 병' 으로부터 회복하는 힘은 결국 '명
약' 에 있다기보다는 자기 자신에게 있다는 것을 절감하게 된다(물론
그렇다고 해서 '활명수' 같은 약을 먹어도 암 치료가 된다는 의미는
아니다).

자기의 병을 '뇌 수술' 이나 '약' 으로 치료하려는 시도가 가지는
가장 큰 위험성은 그것이 사람들을 '의존적' 으로 만들기 때문이다.

서양의학은 아직도 질병을 보는 근본시각에 있어서 전혀 변하고 있지
않다고 느껴진다. 다시 말해서 인간의 질병을 단지 기계적 결함으로만
보고 있다는 것이다. … 서양의학에서는 지금까지 인간 스스로의 치유
력을 무시하고 약으로만 병을 치료하려고 서둘러 왔고, 지금도 그러한
약을 찾고 있다. 그러나 이제는 질병 치유의 일차적 권한과 책임을 사
람의 몸에 주고, 약은 이차적인 보조수단으로 삼아야 한다.(〈한의학 특
강〉, 210~211쪽)

자기의 병은 다른 누구의 것도 아니며 바로 '자기 자신' 의 것이다. 따라서 자기 병을 치료하는 담당자 또한 '자기 자신' 이어야 한다.

흔히 의원에 오는 환자를 보면, 마치 자기 병의 주인이 자기가 아닌 양 고장 난 시계나 자동차를 수리하러 온 사람처럼 자기의 몸을 의사에게 맡겨 버리려 하는 경우를 흔히 볼 수 있는데, 이는 크게 잘못된 생각이다. 어디까지나 병의 주인은 자기 자신이고, 병을 치료하는 것도 자기 자신임을 잊지 말아야 한다.(〈한의학 특강〉, 322쪽)

병 치료의 권한과 책임을 '약' 에게 떠맡김으로써, 그것에 의존하기 시작하면 건강한 인생은 점점 더 멀어져 갈 뿐임을 명심해야 한다.

1999년에 뇌 수술을 받은 '찰리 뉴위츠' 의 사례는 이를 잘 보여준다.
찰리는 강박성 신경장애(충동적으로 숫자를 세고 점검하고 두들겨보는 습관이 생겼는데 이를 멈추지 못했다)로 전기충격 요법을 30회 이상 받았고 정신과 약물치료도 23회 이상을 받았다. 그러나 별다른 효과가 없자 결국은 뇌 수술을 하게 되었다.

수술을 받을 당시 그는 이미 과다한 약물복용으로 인해 심각한 상황에 놓여 있었다.

찰리는 구레나룻의 흔적이 희미하게 남아 있고 눈빛이 흐릿한 마흔 살의 덩치 큰 남자이다. 그의 눈이 뿌옇게 된 것은, 그의 담당 정신과 의사가 그의 몸속에 사정없이 약을 들이부은 탓이다.(〈스키너의 심리상자 열기〉, 325쪽)

아마도 찰리는 약물치료를 시도했으나 차도가 없자 점점 더 많은 그리고 독한 약을 처방받은 것으로 보인다. '약물에 대한 심한 의존'은 그를 약물중독으로 밀어 넣었고 결국에는 '뇌 수술'까지 받게 만든 것이다.

뇌 수술 후 의사들은 성공적인 수술이었다고 평가했고 찰리 또한 매우 만족했지만 나는 도무지 그렇게 볼 수 없다. 왜냐하면 찰리가 한 다음과 같은 말은 분명히 기괴하기 때문이다.

"하루라도 빨리 수술을 다시 받고 싶어요. 정말 굉장해요. 강박장애가 더 이상 나타나지 않아요. 사라지고 없어요. 만일 우울증이 사라지지 않으면 수술을 다시 받을 거예요. 머릿속을 다시 한 번 절단하고 싶어요."(《스키너의 심리상자 열기》, 335쪽)

마약의 황홀한 느낌에 취해 마약중독의 늪으로 더 깊이 빠져드는 사람처럼, 찰리는 약물의 효과에 반해 중증 약물중독자가 되었고 이제는 '뇌 수술' 중독자가 되었다.
그는 자기 머리를 계속 자르고 싶어 하지 않는가!

이것은 다소 극단적인 예일지도 모르지만 약물이나 수술에 대한 '의존'(혹은 중독) 메커니즘은 찰리의 경우와 같다.
어떤 경우이든 스스로의 치유능력을 믿지 않고 '외부의 도움'에 의존하기 시작하면 그것은 필연적으로 '의존', '중독'을 낳고 죽음으로 향한 문을 열어 준다.

이러한 이유로, 나는 정신의학의 미래가 주로 '생물학주의'의 발전에 달려 있다는 로렌 슬레이터의 다음과 같은 주장에 동의하지 않는다.

정신과 수술의 기나긴 역사와 그 암울한 평판은 20세기 내내 실험심리학에 의해 제기된 윤리문제의 핵심적인 부분을 강하게 조명하고 있다. 그와 동시에 인간의 마음을 물리적인 방식으로 파헤쳐 들어가는 정신의학 분야의 미래를 위한 초석을 쌓았다.(〈스키너의 심리상자 열기〉, 300쪽)

정신병이 '뇌 고장' 때문에 생긴다고 주장하는 생물학주의는, 사람들이 자기의 '심리적 문제'를 정직하게 직면하지 않고 회피하도록 유도함으로써 결과적으로 '심리치료'를 방해한다.

육체적 병에 걸렸을 때 그 병을 가져온 심리적 문제를 해결하지 않고 약이나 수술에만 의존함으로써 그것을 회피한다면, 일시적으로는 증상을 완화(완치판정을 받을 수도 있다)시킬 수 있겠지만 해결되지 못한 심리적 숙제는 그 병을 재발시키거나 다른 병으로 나타날 것이다.(〈부모-나 관계의 비밀〉, 김태형·전양숙, 새뜰심리상담소, 2005, 114~115쪽)

또한 자기를 신뢰하는 것보다 약물의 효능을 더 많이 신뢰하며, 새로운 신약의 개발로 정신병을 정복할 수 있다고 강변하는 제약회사와 생물학주의자들의 파렴치하고 어리석은 선전을 믿는 것은 자기를 병 치료로부터 점점 더 소외시켜 약물에 의존하게 만들 것이다.

병 주고 약 주는 그들의 거짓장단에 언제까지 춤을 출 것인가?

정신의학의 미래는 결코 생물학주의나 신약개발에 달려 있지 않다.

그것은 심리학이 생물학주의의 지배로부터 해방되어 '인문학적 전통' 을 회복하고, '동물실험' 이 아니라 '인류가 창조한 역사와 문학, 예술' 로부터 더 많은 것을 배울 수 있다는 자각을 가지며, 사람을 '전체적인 관점' 으로 바라보는 확고한 입장을 확립하는 것에 달려 있다.

그리고 정말로 중요한 또 하나.

'사람은 사회적 존재이다' 라는 상식을 외면하지 않는 용기가 더해질 때, 심리학의 미래는 밝게 빛날 것이다.

스키너의 **심리상자** 닫기

초판 1쇄 발행 2007년 7월 1일
초판 5쇄 발행 2018년 7월 20일
—
지은이 김태형
펴낸이 이방원
—
펴낸곳 세창미디어
출판신고 2013년 1월 4일 제312-2013-000002호
주소 03735 서울시 서대문구 경기대로 88 냉천빌딩 4층
전화 02-723-8660   팩스 02-720-4579
이메일 edit@sechangpub.co.kr   홈페이지 http://www.sechangpub.co.kr/
—
ISBN 978-89-5586-064-1 03180